हवा में जीने की आदत

आधुनिक नकली इलाज पर एक तीखा, बेहद मज़ेदार प्रहार – और उन साधारण आदतों का मार्गदर्शक जो सच में काम करती हैं

www.theageofinsanity.com
contact@unreachable.lol

लेखक तक पहुँचना—सिद्धांत में संभव।

व्यवहार में... लगभग असंभव।

न कोई आग्रह स्वीकार। न कोई वापसी।

उस पाठक के लिए, जो यहाँ पूछे जा रहे प्रश्न को समझता है– और जिसे पढ़ते समय आहत होने की तलाश नहीं रहती।

यह पुस्तक आपको समर्पित है।

विषय-सूची

भाग I: हवा में जीने की आदत

भाग II: सर्कस से बाहर निकलना

भाग III: वास्तविकता को छूना

अंक I: आधार

अंक II: संबंध

अंक III: रखरखाव

अंक IV: निपुणता

लेखक की टिप्पणी

कमरे में मौजूद वयस्कों के लिए एक स्पष्टीकरण

यह किताब वास्तविक आघात झेल चुके लोगों का मज़ाक नहीं उड़ाती।
यदि जीवन ने आपको नुकसान, दुर्व्यवहार, हिंसा, युद्ध, आपदा, या ऐसे अनुभवों से झुलसा दिया है जिन्होंने आपकी इच्छा के विरुद्ध आपकी नसों की बनावट बदल दी – तो आपकी भरपाई का सम्मान किया जाए, उसे सहारा मिले, और उसे कभी हल्का न आँका जाए।
आप इस किताब का पंचलाइन नहीं हैं।

निशाना उन लोगों पर है जिन्होंने पीड़ित होने को गेंट्रीफाई कर दिया है:

• वह व्यक्ति जो देर से आए संदेश को "भावनात्मक शोषण" कहता है
• वह प्रभावक जो "आंतरिक बच्चे की चिकित्सा" सिखाता है, लेकिन किसी असली बच्चे से कभी नरमी से बात नहीं करता
• वह वयस्क जिसे लगता है कि डॉजबॉल एक युद्ध-अपराध था, जिसके लिए पीढ़ीगत क्षतिपूर्ति चाहिए
• वह इंसान जो हल्की असुविधा को दैवी उत्पीड़न मानकर उसे अपनी पूरी पहचान बना लेता है

ये लोग पीड़ा में नहीं हैं।

हवा में जीने की आदत

ये पीड़ा का अभिनय कर रहे हैं।
वास्तविक आघात से गुज़रे लोग अपना जीवन फिर से खड़ा करते हैं।
ये लोग दर्शक खड़े करते हैं।
एक को करुणा चाहिए।
दूसरे को चुटकुले – और वही मिलते हैं।

नाराज़ होने से पहले यह पढ़ लें

यह *पागलपन का युग* नहीं है।
वह किताब एक शल्य-चाकू थी – साफ़, सटीक, और दोहराव से एलर्जिक।
हवा में जीने की आदत शल्य-चाकू नहीं है।
यह आग उगलने वाला यंत्र है।

सर्कस का विश्लेषण सूक्ष्मता से नहीं किया जाता; उसे जलाया जाता है। और सर्कस – अगर आपने ध्यान नहीं दिया – दोहराव पर चलते हैं। वही करतब, वही पोशाकें, वही भ्रम, बस चमक बदल जाती है।

अगर आपको विषय बार-बार लौटते दिखें, तो बधाई – आप आखिरकार पैटर्न देख रहे हैं:
आधुनिक मूर्खता घूमती रहती है।
नकली चिकित्सा घूमती रहती है।
आकाशीय बहाने घूमते रहते हैं।
प्रभावक-ज्ञान घूमता रहता है।

तो यह किताब भी घूमती है – आलस से नहीं, रणनीति से। किसी मज़ाक को दुहराने के लिए नहीं, उसे कसने के लिए।

हवा में जीने की आदत

हर वापसी एक गहरा वार है, एक तीखा कोण, एक साफ़ निशाना।

यहाँ दोहराव गलती नहीं है।
यह सबूत है।

जिस संस्कृति का हम मज़ाक उड़ा रहे हैं, वह आध्यात्मिक शब्दजाल और भावनात्मक अभिनय के स्पिन-साइकिल में रहती है। लूप हमने नहीं बनाया – हमने बस बत्ती जलाई और आपको उसे घूमते देखने दिया।

पागलपन का युग को हमने सटीकता के लिए कसा।
हवा में जीने की आदत को हमने खेल के लिए खोल दिया।

अगर गति थकाने वाली लगे – अच्छा है।

अगर हर अध्याय में सर्कस छोटा दिखे – शानदार।

अगर आप इन भ्रमों को अब गंभीरता से नहीं ले पाते – मिशन पूरा।

यह एकमात्र आत्म-सहायता किताब है जो आपकी आभा को सीध में नहीं लाती, आपकी समय-रेखा सक्रिय नहीं करती, और आपकी तिल्ली से विश्वासघात नहीं निकालती।
इसका एक ही पवित्र उद्देश्य है:
भ्रम को फिर से शर्मनाक बनाना।

सावधानी से जलिए।
पन्ना पलटिए।
आग तो अब शुरू हुई है।

हवा में जीने की आदत

हथौड़ा घुमाने से पहले, ज़रा तय कर लें कि यहाँ विरासत क्या है और तमाशे की सजावट क्या।
कुछ विचार विज्ञान से निकले थे, कुछ ऊब से पैदा हुए, और कुछ किसी साउंड-बाथ के दौरान आई दृष्टि से।
यह वर्गीकरण साफ़ करता है कि कौन-सा किस खाने में जाता है।

श्रेणी 1: वैध अभ्यास – जिनका दुरुपयोग हो रहा है

इनके पीछे वैज्ञानिक आधार या चिकित्सीय मूल्य है, लेकिन इन्हें वेलनेस उद्योग ने हथियार बना दिया है, बाज़ारू कर दिया है, या मोड़-तोड़ कर पेश किया है।

देह-आधारित चिकित्सा

• वैध उपयोग: आघात सचमुच स्नायु-तंत्र में दर्ज होता है
• दुरुपयोग: सामाजिक मंचों के प्रशिक्षक यह दावा करते हैं कि बीस मिनट में “पीढ़ियों का आघात झटक कर निकाल” सकते हैं

नियंत्रित श्वास-अभ्यास

• वैध उपयोग: कुछ श्वसन विधियाँ चिंता घटाने में सहायक पाई गई हैं
• दुरुपयोग: अति-श्वसन को चमत्कार बताना, और श्वास से हर बीमारी ठीक करने के दावे

हवा में जीने की आदत

शीत-अनुभव

• वैध उपयोग: ठंडा पानी मनोदशा या चयापचय पर सीमित लाभ दिखा सकता है

• दुरुपयोग: बर्फ़-स्नान के पंथ, मर्दानगी का प्रदर्शन, और अवसाद का इलाज बताने वाले प्रभावक

लगाव सिद्धांत

• वैध उपयोग: प्रमाण-आधारित मनोविज्ञान, चिकित्सीय परिवेश में प्रयुक्त

• दुरुपयोग: मंचीय आत्म-निदान, सामान्य व्यवहार को रोग घोषित करना, ज़िम्मेदारी से बचने का औज़ार

आंतरिक परिवार प्रणालियाँ

• वैध उपयोग: आघात-उपचार में सहायक मॉडल

• दुरुपयोग: इतनी जटिलता कि "मेरे हिस्सों" के नाम पर जवाबदेही ही गायब

उपवास

• वैध उपयोग: अंतराल-उपवास के कुछ चयापचयी लाभ दर्ज हैं

• दुरुपयोग: आध्यात्मिक उपवास के नाम पर अतिशयता, खाने के विकार को वेलनेस कहना

लाल प्रकाश उपचार

• वैध उपयोग: कुछ घावों और त्वचा स्थितियों में सीमित स्वीकृति

• दुरुपयोग: आघात-चिकित्सा, उम्र पलटने और कोशिकीय चमत्कार के निराधार दावे

हवा में जीने की आदत

न्यूनतावाद

• वैध उपयोग: अव्यवस्था घटाने से तनाव कम होता है, सादगी का मूल्य है

• दुरुपयोग: नैतिक श्रेष्ठता का तमगा, सौंदर्य-उन्माद, वस्तुओं को पाप मान लेना

श्रेणी 2: सीमांत अभ्यास – बिना प्रमाण

इनका कोई वैज्ञानिक आधार नहीं; कुछ हानिरहित प्लेसीबो हैं, कुछ ख़तरनाक।

हानिरहित प्लेसीबो स्तर

• स्फटिक – जब तक कोई इलाज छोड़ न दे

• आभा-छायांकन – ठगी है, पर आम तौर पर जोखिम नहीं

• कल्पना-पट्ट – समय की बर्बादी, नुकसान कम

• ध्वनि-स्नान – महँगी झपकी

• नमक-गुफ़ाएँ – महँगी हवा

• चंद्र-चक्र मार्गदर्शन – उत्पादकता के नाम पर ज्योतिष

संभावित रूप से हानिकारक स्तर

• कान-मोमबत्ती – जलन और कान-क्षति का ख़तरा

• ओज़ोन उपचार – कई जगह प्रतिबंधित, ऑक्सीडेटिव नुकसान संभव

• परजीवी-शुद्धि – कुपोषण और इलेक्ट्रोलाइट असंतुलन

• आत्म-पुनर्प्राप्ति – अपने-आप में हानिरहित, पर असली

चिकित्सा से दूर रखती है

• संबंध-डोर-काट – रस्म हानिरहित, पर वास्तविक समापन-कार्य टाल देती है

मानसिक रूप से ख़तरनाक स्तर

• जुड़वाँ ज्वालाएँ – अपमानजनक रिश्तों में बाँध कर रखता है

• पूर्व-जन्म प्रतिगमन – झूठी स्मृतियाँ गढ़ सकता है

• भाग्यशाली लड़की सिंड्रोम – जादुई सोच, जवाबदेही से पलायन

• क्वांटम छलाँग – कर्म की जगह भ्रम को बढ़ावा

श्रेणी 3: वैध, पर अति-लोकप्रिय होकर बिगड़ी हुई

ये वास्तविक हैं, पर सामूहिक अपनाने से विकृत हो गईं।

आंतरिक बच्चे पर काम

• वैध: आघात-चिकित्सा में प्रयुक्त

• समस्या: हर छोटी असुविधा को “बचपन का घाव” बना देना

ध्रुवता (पौरुष/स्त्रीत्व ऊर्जा)

• वैध: कुछ रिश्तों में पूरक गतियाँ होती हैं

• समस्या: लैंगिक कठोरता का औज़ार, बुरे व्यवहार का बहाना

प्रकटिकरण

• वैध तत्व: कल्पना के साथ कर्म लक्ष्य-निर्धारण में सहायक

• समस्या: कर्म हटा दिया, जादुई सोच बची

हवा में जीने की आदत

तो क्या हम वैध अभ्यासों पर हमला कर रहे हैं?

संक्षिप्त उत्तर: नहीं।

विस्तृत उत्तर: हम निशाना साध रहे हैं–

1. वैध अभ्यासों के बाज़ारीकरण पर
2. अतिवाद पर
3. दुरुपयोग पर
4. जादुई सोच पर
5. गुरु-अर्थव्यवस्था पर
6. पहचान-प्रदर्शन पर
7. असली सहायता से पलायन पर

हम वैध चिकित्सा, औषधि, आध्यात्मिकता या आत्म-सुधार का उपहास नहीं करते।
यह किताब उपचार का मज़ाक नहीं उड़ाती।
यह उपचार-का-अभिनय उड़ा देती है।

वह रेखा जो हम खींच रहे हैं

वैध अभ्यास – व्यक्ति की स्वायत्तता को सहारा देता है।

वेलनेस-भ्रम – उसे बदल देता है।

हवा में जीने की आदत

यह व्यंग्य हवा से नहीं निकला।
इनमें से लगभग हर श्रेणी आज मुख्यधारा या सीमांत वेलनेस संसार में मौजूद है – असली साधक, असली रिट्रीट, असली पैसा, और असली लोग, जो अपनी ज़िंदगी इन्हीं के इर्द-गिर्द फिर से सजा रहे हैं।

और हाँ—इंटरनेट की भाषा में इसे "Touch grass" कहते हैं: बाहर जाओ, और हक़ीक़त छुओ।
यह किताब बताती है कि लोग क्या-क्या बना लेते हैं, ताकि उन्हें वह करना न पड़े।

परिचय

आधुनिक रहस्यमय सर्कस के लिए एक मैदानी मार्गदर्शिका

एक समय था – हैरानी की बात है, बहुत पुराना नहीं – जब किसी वयस्क को समस्या होती थी और वह एक भूली-बिसरी, प्राचीन आध्यात्मिक तकनीक अपनाता था:
वह उससे निपट लेता था।

चंद्र-ऊर्जा से भरे पेयों से नहीं।
आंतरिक-बच्चे की बैठक से नहीं।
हिमालयी खनिजों से नहीं।
श्वास-अनुष्ठानों से नहीं।
और उन ज्योतिष अनुप्रयोगों से तो बिल्कुल नहीं, जिन्हें लगता है कि शनि को आपके किराए की परवाह है।

उसने कहीं अधिक विद्रोही उपाय अपनाया: सामान्य व्यवहार।

वह चमकता नहीं था।
वह चलन में नहीं आता था।
उसके साथ कोई सामान नहीं मिलता था।
लेकिन वह काम करता था।

फिर समाज ऊब गया और बोला: "कुछ और मूर्खतापूर्ण दिखाओ।"

और यहीं से हमारे वर्तमान युग की शुरुआत हुई – एक पुनर्जागरण की:

- बिना योग्यता वाले गुरु,
- बिना प्रशिक्षण वाले उपचारक,
- बिना विवेक वाले रहस्यवादी,

हवा में जीने की आदत

• रिंग-लाइट वाले भविष्यवक्ता,

• और ऐसे नागरिक, जिन्हें "ऊर्जात्मक अवरोध" का निदान मिला है, जिसे धरती का कोई चिकित्सक नहीं पहचानता।

इस नई दुनिया में हर चीज़ एक यात्रा बन गई:

• चिड़चिड़ापन? आघात।
• हिचकिचाहट? छाया-कार्य।
• आलस्य? ऊर्जात्मक असंतुलन।
• गलत फ़ैसले? ब्रह्मांड आपकी परीक्षा ले रहा है।

वयस्क अब अपने अंगों से बात करते हैं, मोज़े ख़रीदने से पहले जन्म-कुंडली देखते हैं, और ऐसे "आत्मा-समुदायों" में शामिल होते हैं, जिन्हें वे लोग संचालित करते हैं जो कपड़े मोड़ना भी नहीं जानते।

हर समस्या एक द्वार है।
हर असुविधा पैतृक पीड़ा है।
हर भावना एक शोध-प्रबंध है।

और इस हास्यास्पद धुंध के बीच, संस्कृति की एक छोटी-सी चेतावनी उभरी: घास छुओ।

अर्थात: घूमना बंद करो।
बाहर जाओ।
वास्तविकता से छुओ।

लेकिन यह किताब घास छूने के बारे में नहीं है।

इस किताब का नाम हवा में जीने की आदत इसलिए है, क्योंकि हम अभी समझदारी की ओर लौट नहीं रहे।

पहले हम इस पागलपन का पोस्टमार्टम करेंगे।

हम पूरे सर्कस की चीर-फाड़ करने आए हैं:

• गुरु-अर्थव्यवस्था,

हवा में जीने की आदत

• बुटीक जादूटोना,
• ब्रह्मांडीय बहाने,
• आध्यात्मिक वेश-धारण,
• ऑनलाइन नबी,
• उन समस्याओं के लिए अनुष्ठान जिन्हें एक ई-मेल चाहिए,
• और वे वयस्क जो अपने स्नायु-तंत्र को जवाब देने के बजाय उससे ऊपर उठना चाहते हैं।

यह आत्म-सहायता की किताब नहीं है।
यह आत्म-सहायता के विरुद्ध आत्म-रक्षा पुस्तिका है।

एक ऐसे युग के लिए जीवित-रहने की मार्गदर्शिका, जहाँ प्रबोधन सौंप दिया गया है:

• स्फटिकों को,
• कटोरियों को,
• ठंडे डुबकियों को,
• ध्वनि-स्नानों को,
• चंद्र-चार्टों को,
• आघात-प्रभावकों को,
• और उन वीडियो-भौतिकविदों को, जिन्हें लगता है कि क्वांटम यांत्रिकी भावनाओं पर आधारित सुझाव है।

हम हर भ्रम से शल्य-सटीकता और आवश्यक असम्मान के साथ गुज़रेंगे – इसलिए नहीं कि आध्यात्मिकता बुरी है, बल्कि इसलिए कि आध्यात्मिक रंगमंच एक ऐसा कारागार है जो स्वतंत्रता जैसा दिखता है।

और अब वह मोड़, जिसके लिए आप तैयार नहीं हैं:

असली जादू – जिसे हर कोई प्रकट करना, सक्रिय करना, बुलाना, समायोजित करना या साँस में भरना चाहता है –

हवा में जीने की आदत

बिल्कुल भी रहस्यमय नहीं है।

वह है:

- नीरस
- दोहराव वाला
- बाज़ार में न बिकने वाला
- तस्वीरों में अच्छा न लगने वाला
- और बेरहमी से अप्रभावशाली

आख़िरी विद्रोह आरोहण नहीं है।
वह है समझदारी।

न कोई ब्रह्मांडीय जागरण।
न पैतृक उपचार।
न आवृत्ति-उन्नयन।

बस इतना: बिना नाटक के, सामान्य कामों को लगातार करना।

जब हम यहाँ से उठेंगे, तब आप ठीक-ठीक समझेंगे कि आधुनिक वयस्क घास छूने से क्यों डरते हैं – और क्यों वास्तविकता को छूना ही आध्यात्मिक युद्ध का आख़िरी कारगर कर्म है।

तो बैठ जाइए।
कमर कस लीजिए।

न किसी कल्पना-पट की ज़रूरत है।
न चंद्र-जल चाहिए।
न आभा-शुद्धि आवश्यक है।

इस किताब में केवल एक अनुष्ठान है: सच बोलना।

हवा में जीने की आदत में आपका स्वागत है — एक किताब उन सब चीज़ों के बारे में, जिन्हें लोगों ने इसलिए गढ़ा ताकि उन्हें कभी ज़मीन को छूना न पड़े।

भाग एक

हवा में जीने की आदत

भ्रमों की शब्दावली

आधुनिक रहस्यमय सर्कस के लिए एक मैदानी मार्गदर्शिका। उन लोगों के लिए जो ऑफ़लाइन रहे हैं, जिनका विवेक अब भी काम करता है, या जो यह सुनिश्चित करना चाहते हैं कि यह सब उनकी कल्पना नहीं है।

अकाशिक अभिलेख

अस्तित्वगत दोषारोपण के लिए एक दिव्य ग्राहक-सेवा काउंटर। निर्णय लेने के बजाय यह मान लिया जाता है कि जीवन किसी ब्रह्मांडीय अभिलेखागार में पहले से दर्ज है–जिसे कोई देख नहीं सकता, लेकिन सब उसी के हवाले ज़रूर करते हैं।

आंतरिक बाल-कार्य

भावनात्मक पुरातत्व, जहाँ वयस्क अपने भीतर के बच्चे से अनुमति लेकर निर्णय लेते हैं। वर्तमान ज़िम्मेदारियाँ बालवाड़ी की शिकायतों में बदल जाती हैं।

आंतरिक परिवार प्रणाली

मन को एक असफल बोर्ड-बैठक के रूप में समझना। हर भावना विभाग बन जाती है और जवाबदेही कार्यवृत्त में घुल जाती है।

हवा में जीने की आदत

आत्मा-पुनर्प्राप्ति

खोए आत्मा-खंडों की खोज के नाम पर वास्तविक सहायता से बचना।

आभा-छायांकन

आध्यात्मिक असुरक्षा के लिए तस्वीरें। ख़राब उपकरण मनोदशा को रंग देते हैं और शुल्क बढ़ने के साथ आभा धुँधली होती जाती है।

आवृत्ति उपचार

भावनाओं को काल्पनिक संख्याओं में बदल देना और उसे सुधार मान लेना। व्यवहार नहीं बदलता–केवल शब्दावली बदलती है।

ओज़ोन उपचार

रक्त में गैस डालकर जीवित बच जाने को सफलता मान लेना। रसायन विज्ञान, बिना सहमति।

कर्ण-मोमबत्ती

खोपड़ी के पास आग जलाकर पिघले मोम को उपलब्धि कहना। यह दहन के रूप में स्वास्थ्य है।

कल्पना-पट

कारणता के रूप में हस्तकला। तस्वीरें चिपकाना ही परिश्रम मान लिया जाता है।

हवा में जीने की आदत

क्रिस्टल उपचार

पत्थरों से भावनात्मक श्रम करवाने की कोशिश। पत्थर स्थिर रहते हैं; भ्रम सक्रिय रहता है।

क्रोध-कक्ष

विनाश को उपचार कहना। वस्तुएँ टूटती हैं ताकि आदतें न बदलें।

क्वांटम छलाँग

काल्पनिक भौतिकी के सहारे प्रयास से बचना। अनुशासन की जगह कल्पना।

गुरु-अर्थव्यवस्था

जहाँ योग्यता वैकल्पिक है और दृश्य-प्रस्तुति अनिवार्य। मार्गदर्शन सदस्यता में बदल जाता है।

चंद्र-चक्र मार्गदर्शन

निर्णयों को चंद्र चरणों के हवाले करना। व्यक्तिगत स्वायत्तता अनुपस्थित रहती है।

छाया-कार्य

टालमटोल को गहराई का नाम देना।

जैव-हैकिंग

शरीर को प्रयोगशाला बनाना। हर धड़कन आँकड़ा बन जाती है।

हवा में जीने की आदत

भ्रमों की शब्दावली (जारी)
वर्णमाला कभी इतनी थकी हुई महसूस नहीं हुई।

जुड़वाँ ज्वालाएँ

अव्यवस्था को नियति बताना। चेतावनी संकेत पाठ बन जाते हैं।

ज्योतिषीय स्थल-मानचित्रण

यह विश्वास कि सुख आदतों से नहीं, स्थान से तय होता है।

डिजिटल घुमंतूपन

उबाऊपन से भागने की भौगोलिक रणनीति। स्थान पहचान बन जाता है।

डोर-विच्छेदन अनुष्ठान

विच्छेद को भूत-भगाने की रस्म में बदल देना।

बर्फ़-स्नान

पीड़ा को अनुशासन और अनुशासन को प्रदर्शन कहना।

ठंडा निमज्जन पंथ

असुविधा को सदस्यता और पहचान बनाना।

दीर्घायु प्रयोग-चूहे

जीवन को प्रयोग मानना और उम्र बढ़ने को व्यक्तिगत अपमान।

हवा में जीने की आदत

दैहिक चिकित्सा

आघात को मन से हटाकर मांसपेशियों पर डाल देना।

ध्रुवता कोचिंग

लैंगिक रूढ़ियों को ऊर्जा कहकर प्रस्तुत करना।

ध्वनि-स्नान

सुन्नता को उपचार समझ लेना।

नमक-गुफ़ाएँ

नमकीन हवा को शुद्धि मान लेना।

न्यूनतावाद (अति)

कमी को नैतिक श्रेष्ठता बनाना।

परजीवी-शुद्धि

हर असुविधा को अदृश्य कीड़ों पर डाल देना।

पूर्व-जन्म प्रतिगमन

वर्तमान समस्याओं को कथित पिछले जन्मों से समझाना।

प्रकटिकरण

इच्छा को कारण मान लेना।

भावनात्मक रसायन

असुविधा को नियति में बदलने का वादा।

भूखमरी रहस्यवाद

भूख को पवित्रता कहना।

हवा में जीने की आदत

भ्रमों की शब्दावली (अंतिम खंड)
वर्णमाला ने ज़िद की कि इसे पूरा किया जाए। हमने मान लिया।

लगाव सिद्धांत (सोशल-मंच निदान)

मनोविज्ञान को संदेश-व्यवहार पर लागू करना।

लिम्फ़ निकासी

नीलापन देखकर शुद्धि मान लेना।

लकी गर्ल सिंड्रोम

पुष्टि-वाक्यों को अधिकार समझ लेना।

लाल प्रकाश उपचार

गर्मी को आध्यात्मिक तकनीक कहना।

वेश-धारण चिकित्सा

भूमिका बदलने को उपचार कहना।

वैन-जीवन

घुमंतूपन को अर्थ और स्थिरता को दोष मानना।

शमन ढोल मंडल

ताल को प्रकाशन समझ लेना।

श्वास-अभ्यास (होलोट्रॉपिक)

अति-श्वसन को आध्यात्मिक प्रगति कहना।

हवा में जीने की आदत

श्वास-कट्टरता

श्वसन को धर्म बना देना।

श्वास-प्रसिद्धि

मुफ़्त क्रिया को बेचने की कला।

समयरेखा उपचार

जो संवाद कभी हुए ही नहीं, उनसे समापन की उम्मीद।

शब्दावली समाप्त।

अब अपनी गति से सामान्य बुद्धि की ओर लौटिए।

खंड एक

स्वनिर्मित मनोविज्ञान का सर्कस

जहाँ वयस्क उस असहनीय आघात से उबरने आते हैं–कि वे वयस्क हैं।

हवा में जीने की आदत

प्रविष्टि 1

क) आघात-समय-यंत्र उद्योग

कभी उपचार का अर्थ था–वास्तविकता का सामना करना। अब उसका अर्थ है–अपने बचपन का ऐसा पुनःअभिनय करना, मानो किसी फ़िल्म महोत्सव की ऑडिशन चल रही हो।

एक समय था–बहुत पुराना नहीं–जब वयस्क कठिनाइयों से निपटने के लिए दो पवित्र औज़ार इस्तेमाल करते थे:

1. कड़ा चेहरा
2. इतनी तेज़ कॉफ़ी कि चम्मच घुल जाए

आज?
हर असुविधा एक नैदानिक समय-कैप्सूल बन चुकी है।

• किसी संदेश का जवाब देना भूल गए?
आपका आठ साल का रूप त्याग से भयभीत है।

• रात दो बजे पूरी पिज़्ज़ा खा ली?
आपका छह साल का रूप अधूरी भावनात्मक ज़रूरतें व्यक्त कर रहा है।

• किसी को सामाजिक मंच पर रोक दिया?
आपका चार साल का रूप "देखे जाने" की माँग कर रहा है।

बधाई हो–वयस्कता अब भावनात्मक भ्रम में जी रहे लोगों की

हवा में जीने की आदत

विस्तारित बाल-देखभाल बन चुकी है।

लेकिन ठहरिए–उद्योग ने इसमें अवसर देख लिया। लोगों को बड़ा होने में मदद क्यों करें, जब इस विचार को बेचा जा सकता है कि उन्हें कभी बड़ा होना ही नहीं पड़ेगा?

प्रति घंटे भारी शुल्क लेकर, एक चिकित्सक आपको तंद्रा में ले जाएगा–जहाँ आप वर्ष 1997 में लौटकर अपने उस रूप को दिलासा देंगे जिसे जेसिका के जन्मदिन पर बुलाया नहीं गया था।

क्योंकि स्पष्ट है–यही कारण है कि आप न तो संबंध निभा पा रहे हैं, न अपना कैलेंडर व्यवस्थित कर पा रहे हैं।

यह उपचार नहीं है।
यह भावनात्मक वेश-धारण है।

आप आघात को संसाधित नहीं कर रहे–आप उसे सामुदायिक रंगमंच के उत्साह के साथ दोहरा रहे हैं।

और हर बार जब आपको लगता है कि आपने "आंतरिक बच्चे" को ठीक कर लिया है–उसी के भीतर एक और आंतरिक बच्चा मिल जाता है।

मानो स्नायु-विकार की रूसी गुड़ियाँ।

अब आप व्यक्ति नहीं हैं–आप एक डे-केयर हैं।

हवा में जीने की आदत

ख) अंग-कार्य की बोर्ड-बैठक

आंतरिक परिवार प्रणाली: ग्राहक-सेवा सहित विभाजन

यहाँ शुरुआत एक समझदार विचार से होती है:
"आपके भीतर अलग-अलग हिस्से हैं।"

और फिर अचानक आप अपनी चेतना में एक कॉर्पोरेट बंधक-वार्ता चला रहे होते हैं।

अब आपका व्यक्तित्व एक नहीं रहा। वह बन चुका है:

- प्रबंधक
- संरक्षक
- अग्निशामक
- निर्वासित
- आघात का लेखाकार
- पुष्टि-वाक्य चिपकाता भावनात्मक प्रशिक्षु
- उदासी का मानव-संसाधन विभाग

आपका अवसाद मुख्य वित्त अधिकारी है।
आपकी चिंता जन-संपर्क संभालती है।
आपका आत्म-सम्मान ग़ायब नहीं–वह अवैतनिक है।

आपका चिकित्सक निर्णय लेने में मदद नहीं करता; वह बैठक तय करता है:
"क्रोध, कृपया अपनी बारी की प्रतीक्षा करें।"
"लज्जा, आपकी बात सुनी जा रही है।"

हवा में जीने की आदत

"पूर्णतावाद, हम इस पर फिर लौटेंगे।"

मित्र–इनमें से आधे हिस्सों को मान्यता नहीं, निष्कासन चाहिए।
आपको संवाद नहीं चाहिए।
आपको नियुक्ति-समाप्ति पत्र और सुरक्षा-कर्मियों की ज़रूरत है।

यह कोई पद्धति नहीं है।
यह बेहतर विपणन के साथ विभाजन है।

ग) वेश-धारण चिकित्सा

कल्पना के ज़रिए उपचार

अब जब आपका आंतरिक बोर्ड-कक्ष युद्धभूमि बन चुका है,
उद्योग अपना अंतिम उन्नयन लागू करता है:
अपने विकार को सजाइए।

वेश-धारण चिकित्सा वयस्कों को ज़िम्मेदारियों के बजाय "आदर्श रूपों" में ढलने का निमंत्रण देती है।

आप सामना करने के कौशल नहीं सीखते; आप पोशाकें विकसित करते हैं:

- योद्धा बनो।
- देवी बनो।
- सम्राट, महायाजिका, या क्वांटम जगुआर बनो।

कोई कभी अपने भीतर के किराना-मज़दूर या लेखाकार को

नहीं जगाता–उन लोगों को, जो सचमुच समाज को चलाते हैं।

निर्देशित भूमिका-अभिनय और रहस्यमय लेखन के बीच कहीं,
आपको एहसास होता है:
आप बुद्धिमान नहीं बन रहे।
आप नाटकीय बन रहे हैं।

आधुनिक चिकित्सा आपको ठीक नहीं कर रही।
वह आपके कष्ट को अलमारी दे रही है।

आपके पास स्थिरता नहीं है।
आपके पास एक केप है।

आप आघात को संसाधित नहीं कर रहे।
आप उसे टूटे हुए लोगों के मेले में अभिनय कर रहे हैं।

प्रविष्टि 2

देहिक कंपन और भावनात्मक भूत-भगाना

जब चिकित्सा बोलना छोड़ देती है और काँपना शुरू कर देती है

आप कक्षा में प्रवेश करते हैं–यह सोचकर कि योग होगा।
आप बाहर निकलते हैं–यह सोचते हुए कि आपने जिम-सदस्यता वाले लोगों द्वारा किया गया कोई सत्र देखा।

प्रशिक्षक फुसफुसाता है:

“अपने शरीर को वह व्यक्त करने दीजिए जो मन नहीं कर

हवा में जीने की आदत

सकता।"

अनुवाद: काँपना शुरू कीजिए।

अचानक वयस्क लोग:

• भूतिया कलाई-घड़ियों की तरह थरथरा रहे हैं
• लैमिनेट फ़र्श पर मछलियों की तरह फड़फड़ा रहे हैं
• ऐसे कराह रहे हैं मानो किसी ने उनकी आत्मा पर पैर रख दिया हो

बताया जाता है कि भावनाएँ "शरीर में संग्रहित" होती हैं–विशेष रूप से:

• कूल्हों में (क्रोध)
• जांघ-पिछले हिस्से में (दुख)
• बाएँ कंधे के ब्लेड में (पैतृक आघात)

कभी दाएँ में नहीं।
दायाँ कंधा भावनात्मक रूप से अजेय है।

मित्र–आपके पूर्वज महामारियों से नहीं बचे थे ताकि आप अपने जीवन को चतुशिर मांसपेशियों पर डाल सकें।

यह उपचार नहीं है।
यह पुनर्चक्रित पछतावे से बने योग-वस्त्र पहनने वालों के लिए धार्मिक भूत-भगाना है।

सब ऐसे काँपते हैं मानो अपनी ही कंकाल से भाग रहे हों,

और संचालक ऐसे सिर हिलाता है जैसे ज्ञान घटित हो रहा हो।

नहीं हो रहा।

आपका शरीर आघात नहीं छोड़ रहा।
आपकी गरिमा बाहर निकल रही है।

फिर कक्षा समाप्त होती है और सब:

- अंतहीन स्क्रॉल करते हैं
- घबराते हैं
- किसी को संदेश भेजते हैं जिसे नहीं भेजना चाहिए
- और “जीवित महसूस करने” के लिए जैविक नाश्ता ख़रीदते हैं

कोई आघात नहीं गया।
कोई परिपक्कता नहीं आई।
सिर्फ़ पसीना, शोर और भ्रम।

आप बदले नहीं।
आप काँपे।

आप ठीक नहीं हुए।
आप गड़बड़ा रहे हैं।

प्रविष्टि 3

भावनात्मक रसायन कार्यशालाएँ

भावनाओं को “ऊर्जा” में बदलना–क्योंकि उन्हें हल करना बहुत समझदारी भरा होता

भावनात्मक रसायन में आपका स्वागत है–वह आध्यात्मिक बहु-

हवा में जीने की आदत

स्तरीय बाज़ार जहाँ आपका दुख “घनत्व” बन जाता है, क्रोध “ऊष्मा”, और चिंता “द्वार”।

समस्या नहीं।
द्वार।

क्योंकि मानसिक स्वास्थ्य का इससे बेहतर संकेत क्या होगा कि आप घबराहट को किसी कल्पनालोक का प्रवेश मान लें।

आप औज़ारों की उम्मीद लेकर आते हैं।
आप शब्दावली लेकर जाते हैं।

अचानक आपकी भावनाएँ भावनाएँ नहीं रहीं–
वे “आवृत्तियाँ”, “कंपन” और “अव्यक्त दैहिक सर्पिल” बन गईं।

संचालक ऐसे बोलता है जैसे कोई ख़राब भाग्य-वाक्य:
“भावना को पहचान से अलग देखिए।”

पाँच मिनट बाद:
“भावना में गहराई से उतरिए ताकि वह रूपांतरित हो सके।”

एक तय करिए।
क्या हम मार्शमेलो भून रहे हैं या ज्वालामुखी में कूद रहे हैं?

कक्ष ऐसे वयस्कों से भरा है जो अस्तित्वगत नाली के चारों ओर घूम रहे हैं, जैसे उन्होंने किसी रस-बार में दर्शन खोज लिया हो।

सब सिर हिलाते हैं मानो यह सब समझ में आ रहा हो।

नहीं आ रहा।

हवा में जीने की आदत

यह उन लोगों की चिकित्सा है जो जवाबदेही को घृणा-अपराध समझते हैं।

वे “रूपांतरण” की बात करते हैं, पर बदला सिर्फ़ आपका बैंक-शेष जाता है।

आपका शोक ज्ञान नहीं बना–वह एक भुगतान-रसीद बन गया।

सत्र समाप्त होते ही सब अपनी गाड़ियों की ओर दौड़ते हैं:

- अंतहीन स्क्रॉल के लिए
- नौकरी की चिंता के लिए
- और ऐसे जैविक नाश्ते निगलने के लिए मानो वे नियति से सौदा कर रहे हों

कुछ भी रसायनित नहीं हुआ।
कुछ भी बदला नहीं।
भावना विकसित नहीं हुई–वह बस प्रतीक्षा में रही।

भावनात्मक रसायन उपचार नहीं है।
वह प्रदर्शन-कला है।

योग-चटाइयों के साथ रंगमंच।
निर्णय न ले पाने वाले वयस्कों का सामूहिक वेश-धारण।

आपका दुख सोना नहीं बना।
वह माल बन गया।

खंड दो

बुटीक जादूटोना और आध्यात्मिक वेश-धारण

क्योंकि प्रबोधन से बढ़कर कुछ नहीं–
धर्म की जगह सजे-धजे पत्थर और
एक अतिरिक्त आमदनी लगा दी
जाए।

हवा में जीने की आदत

प्रविष्टि 4

क) क्रिस्टल पुरोहित और आत्मा-लॉजिस्टिक्स

अब पत्थर पुरोहित हैं।
एक पूरी अर्थव्यवस्था इस विश्वास पर टिकी है कि वयस्कों की भावनात्मक स्थिरता उस क्वार्ट्ज़ पर निर्भर करती है जिसे ऐसे व्यक्ति से खरीदा गया हो, जिसे लगता है कि सेडोना कोई आध्यात्मिक हवाई अड्डा है।

लोग खिड़की की मुंडेर पर खनिज इस तरह सजाते हैं, मानो कोई ब्रह्मांडीय मॉडेम लगा रहे हों।
"इन्हें चाँदनी में रख दो, ताकि ये फिर से चार्ज हो जाएँ।"

चार्ज?
ये पत्थर हैं, दूरभाष नहीं।

क्रिस्टल-समाज रत्न-ज्योतिष में बात करता है:
"यह मुझे बचाता है।"
"यह मुझे स्थिर करता है।"
"यह विषैली ऊर्जा छोड़ता है।"

नहीं–यह आपकी गरिमा और आपका धन छोड़ता है।
आप अपना कंपन नहीं बढ़ा रहे।
आप भूविज्ञान को गले लगा रहे हैं।

हवा में जीने की आदत

ख) आभा-तकनीशियन

रेडियो-दुकान से चलने वाला आध्यात्मिक निदान।

आभा-छायांकन वही होता है, जब विज्ञान विद्यालय बीच में छोड़ देता है।
आप कुर्सी पर बैठते हैं, धातु की प्लेटें पकड़ते हैं–जो किसी सामुदायिक विज्ञान-कथा नाटक से उठी लगती हैं–और एक व्यक्ति, जो गाड़ी सीधी नहीं लगा सकता, घोषित करता है:

"आपकी आभा बैंगनी है।"

बैंगनी कोई भाव नहीं है–वह छपाई की खराबी है।

फिर वह आपको एक तस्वीर देता है, जो ऐसी लगती है मानो आपका चेहरा किसी चित्रकारी कार्यक्रम से हार गया हो, और उसे गुप्तचर रिपोर्ट की तरह पढ़ता है:
"यह नारंगी? आवेग।"
"यह धूसर? आघात।"

नहीं–वह धूसर स्थैतिक है, क्योंकि मशीन तब से अपडेट नहीं हुई जब किसी राष्ट्रपति की नाड़ी चलती थी।

और अंत में, अनिवार्य प्रश्न:
"क्या आप अपनी आभा ठीक करने के लिए क्रिस्टल चाहेंगे?"

यह उसी तरह है जैसे कोई मिस्त्री कहे–आपका इंजन उदास है।

ग) आत्मा-पुनर्प्राप्ति दूत

लापता आत्मा-खंडों की घर-पहुंच सेवा।

कहा जाता है कि आपकी आत्मा के टुकड़े किसी काल्पनिक जलप्रपात के पीछे खो गए, और अब पंख लगाए, इंटरनेट-संपर्क वाले कोई व्यक्ति उन्हें लेने जाएगा।

"मुझे आपकी आत्मा मिल गई। वह छुपी हुई थी।"

आप अपना चार्जर नहीं ढूँढ पाते, लेकिन इस व्यक्ति ने किसी और आयाम में आपकी चेतना खोज ली?

फिर पुनःस्थापन का अनुष्ठान होता है–कोई आपके माथे पर हवा फूँकता है, जैसे ऊबा हुआ जन्मदिन-जोकर, और भुगतान-अनुरोध भेज देता है।

आपकी आत्मा के टुकड़े ग़ायब नहीं हैं।
आपके निर्णय ग़ायब हैं।

प्रविष्टि 5

क) पूर्व-जन्म पर्यटन और ब्रह्मांडीय काग़ज़ी कार्यवाही

प्रतिगमन-चिकित्सा: वह अकेली छुट्टी जहाँ आप काल्पनिक जगह जाते हैं और फिर भी निराश लौटते हैं।

जो भी पूर्व-जन्म सत्र करता है, वही खोजता है कि वह था:

- राजघराने का सदस्य

हवा में जीने की आदत

- योद्धा
- उपचारक
- महायाजिका

कभी नहीं:

- मध्ययुगीन बर्तन धोने वाला
- वह व्यक्ति जिसका काम था "घोड़ा पकड़ना"
- चम्मच का आविष्कारक

मानव इतिहास का अट्ठानवे प्रतिशत हिस्सा किसान और महामारियाँ थीं।
लेकिन किसी तरह, सब क्लियोपेट्रा थे।

पूर्व-जन्म पर्यटन इसलिए है ताकि कोई उस सबसे डरावनी सच्चाई का सामना न करे:
आप हमेशा से औसत रहे हैं–पूरी लगन के साथ।

ख) अकाशिक अभिलेख

उन लोगों के लिए ब्रह्मांडीय फ़ाइल-अलमारी जो अपना ई-मेल इनबॉक्स नहीं संभाल सकते।

एक "पाठक" आँखें बंद करता है, ऐसे साँस लेता है मानो गरम-हवा का गुब्बारा उड़ाने वाला हो, और घोषणा करता है: "मैं आपके अभिलेखों में हूँ।"

हवा में जीने की आदत

न कोई प्रवेश-संकेत।
न कोई कूटशब्द।
सिर्फ़ अनुभूति।

और ब्रह्मांड हर बार वही नौकरी-विवरण देता है:

- दूसरों को ठीक करना
- प्रामाणिक होना
- शक्ति में प्रवेश करना
- कंपन बढ़ाना

कभी नहीं:

- बिल भरना
- स्वच्छता सुधारना
- समय पर पहुँचना

जो लोग हफ़्ते में तीन बार चाबियाँ खो देते हैं, उन्हें भरोसा है कि देवदूत उनकी आत्मा का पूरा दस्तावेज़ सँभाल रहे हैं। यहाँ तक कि स्वर्ग भी कहता है: "यह फ़ाइल हमारे पास नहीं है।"

प्रविष्टि 6

शमन ढोल मंडल

चिकित्सा पर्याप्त शोर नहीं थी, इसलिए अब हम चीज़ें पीटते हैं।

हवा में जीने की आदत

ढोल-मंडल एक महँगा मानसिक विघटन है, जिसे अनुष्ठान कहा जाता है।
सूत के वस्त्रों में वयस्क, खड़खड़ियाँ हिलाते हुए, जो किसी शिल्प-दुकान से खरीदी गई हैं, और ऐसे अक्षर जपते हुए जिन्हें किसी ने मंच के पीछे खोजा है।

संचालक कहता है:
"अपने पूर्वजों की लय महसूस कीजिए।"

आपके पूर्वज लेखाकार थे।
उनके ढोल कीबोर्ड और समय-सीमाएँ थीं।

आधा कक्ष रो रहा है।
आधा हुआँ-हुआँ कर रहा है।
एक व्यक्ति गरुड़ बन रहा है।

यह स्पष्ट नहीं कि यह प्रबोधन है या सामूहिक विघटन।

ढोल आपका जीवन ठीक नहीं करेंगे।
वे लय भी मुश्किल से ठीक करते हैं।

खंड तीन

प्रकटिकरण और जादुई सोच

जहाँ वयस्क दफ़्तर की सामग्री से
जादूटोना दोबारा गढ़ते हैं।

हवा में जीने की आदत

प्रविष्टि 7

क) कल्पना-पट धर्मशास्त्र

कला-और-हस्तकला वाला धर्म।

कल्पना-पट वह जगह है जहाँ वयस्कता मरने जाती है।
न अनुशासन। न ज़िम्मेदारी।
सिर्फ़ गोंद, भ्रम, और उधार ली हुई पत्रिकाओं का ढेर।

घर चाहिए? तस्वीर काटो।

"संतुलन" चाहिए? तस्वीर काटो।

आत्मविश्वास चाहिए? किसी प्रसिद्ध गायिका की तस्वीर गत्ते पर चिपकाओ और आशा करो कि ब्रह्मांड साहित्यिक चोरी पर ध्यान न दे।

हर पट एक-सा दिखता है:

- एक हवेली
- एक ऐसी गाड़ी जिसे कोई नहीं खरीद सकता
- एक ऐसा समुद्रतट जहाँ कोई जाएगा नहीं
- एक कथन जो किसी महान आध्यात्मिक व्यक्ति ने निश्चित ही नहीं कहा

यह एकमात्र धर्म है जहाँ गत्ता शास्त्र है और चिपकाने वाली टेप प्रसाद।

आप अपना भविष्य प्रकट नहीं कर रहे।
आप अपने टालमटोल का कोलाज बना रहे हैं।

हवा में जीने की आदत

यह नियति नहीं है।
यह वयस्क महँगाई के साथ बालवाड़ी है।

ख) भाग्यशाली-लड़की सिंड्रोम

हल्के रंगों में लिपटा आत्ममुग्धता।

यह सिंड्रोम एक सिद्धांत सिखाता है:
अगर कुछ अच्छा हुआ → आपने उसे प्रकट किया।
अगर कुछ बुरा हुआ → आपने ग़लत ढंग से प्रकट किया।
अगर कुछ भयावह हुआ → बधाई, चरित्र-विकास!

यह उन लोगों का समृद्धि-उपदेश है जिनका पूरा धर्म एक छोटे से वीडियो-वाक्य में समा जाता है।

वे जपते हैं:
"मेरे साथ सब ठीक होता है।"

ठीक है।
उसी तर्क से, "मैं अमीर हूँ" कहने पर बैंक को आपसे माफ़ी माँगनी चाहिए।

ये लोग भाग्यशाली नहीं हैं।
ये आत्मविश्वास के वेश-धारी हैं।

आप चुने हुए नहीं हैं।
आप पर कोई वरदान नहीं है।
आप बस दर्पण पर वाक्य चिल्ला रहे हैं और आशा कर रहे हैं कि भौतिकी उलझ जाए।

हवा में जीने की आदत

जीवन इसलिए बेहतर नहीं होता कि आपने घोषणा कर दी। जीवन तब बेहतर होता है जब आप कुछ करते हैं।

प्रविष्टि 8

क्वांटम छलाँग और विज्ञान-वेश-धारण

क्वांटम छलाँग वह आध्यात्मिकता है जिसने उधार की प्रयोगशाला-कोट पहन ली है।

सिद्धांत सरल है:

1. अनंत ब्रह्मांड हैं।
2. उनमें से एक में आपका बेहतर रूप है।
3. आप कल्पना और योग-चटाई की मदद से उसमें प्रवेश कर सकते हैं।

अनुवाद: आँखें बंद करो, ज़ोर से कल्पना करो, और शायद तुम्हारे बिल अपने-आप भर जाएँ।

क्वांटम छलाँग वाले लोग ऐसे बोलते हैं जैसे सॉफ़्टवेयर हों:
“मैं समृद्ध-स्व में स्थानांतरित हो रहा हूँ।”
“मैं पाँच-आयामी-स्व बन रहा हूँ।”

मित्र, आप अभी संदेश-उत्तर-स्व भी नहीं बन पाए हैं।

अनुष्ठान इस प्रकार है:

हवा में जीने की आदत

लेटो। साँस लो। एक दरवाज़ा कल्पित करो।
उससे गुज़र जाओ।
और–लो–कथित रूप से तुम्हारा आघात घुल गया।

विकल्प यह भी था कि आप ज़िम्मेदारी लें।
लेकिन ज़िम्मेदारी के पास न कोई फ़िल्टर है, न प्रशंसक-मंडली।

यह भौतिकी नहीं है।
यह उपशीर्षकों के साथ दिवास्वप्न है।

वास्तविक क्वांटम विज्ञान कणों, समीकरणों और मापन से निपटता है।
क्वांटम छलाँग उस व्यक्ति से निपटती है जो दिवालियापन की ओर फुसफुसाता है:
"मैं सफल-स्व से संरेखित हो रहा हूँ।"

नहीं।
आप शुल्क-कटौती से संरेखित हो रहे हैं।

आप कहीं स्थानांतरित नहीं हो रहे।
आप विज्ञान-कथा की शब्दावली से वयस्कता से बच रहे हैं।

एकमात्र ब्रह्मांड जहाँ आप सफल हैं–वह है जहाँ आप कल्पना को जीवन-योजना मानना बंद कर देते हैं।

खंड चार

कल्याण-पंथ और स्वास्थ्य-बेतुकापन

क्योंकि आधुनिक लोग स्वास्थ्य नहीं चाहते–वे ऐसे रहस्यमय स्पा-अनुष्ठान चाहते हैं जो दूर से स्वास्थ्य जैसे महसूस हों।

हवा में जीने की आदत

प्रविष्टि 9

क) लाल प्रकाश धर्म

मानव भुनाई-चिकित्सा।

लाल प्रकाश के अनुयायी चमकते पैनलों के सामने निर्वस्त्र खड़े होते हैं–मानो मुर्गियाँ प्रबोधन की परीक्षा दे रही हों–और घोषणा करते हैं कि वे "उपचार" कर रहे हैं और "समृद्धि सक्रिय" कर रहे हैं।

नहीं।
आप बस गरम हो रहे हैं।

इसे वे माइटोकॉन्ड्रिया की मरम्मत कहते हैं।
असल में यह एक ऊष्मा-दीपक है।

अगर लाल प्रकाश कुछ भी ठीक करता, तो हर भुना हुआ मुर्गा अमर होता।

आपने ज्ञान का द्वार नहीं खोला।
आपने साठ की रकम देकर खुद को आलू की तरह सेंका है।

ख) नमक-गुफ़ा स्वीकारोक्ति

आध्यात्मिक रूप से निर्जलित लोगों के लिए स्पा-दिवस।

नमक-गुफ़ाएँ ऐसी लगती हैं मानो किसी सजावटी दुकान की प्रदर्शनी को चिकित्सकीय दावा बना दिया गया हो।

हवा में जीने की आदत

आप पत्थरों से भरे कमरे में बैठते हैं, खनिज-धूल में साँस लेते हैं, और इसे चिकित्सा कहते हैं।

वे प्रतिरक्षा-वृद्धि और आभा-संतुलन का वादा करते हैं।
आपको वास्तव में मिलता है:

- सूखी नासिकाएँ
- खाँसता हुआ कोई अजनबी
- एक बिल

आप ठीक होकर बाहर नहीं निकलते—आप एक आध्यात्मिक प्रेट्ज़ेल बनकर निकलते हैं।

वही समस्याएँ।
अब नमकीन।

ग) कर्ण-मोमबत्ती

आग + कान = स्वास्थ्य?

कर्ण-मोमबत्ती वही है जो तब होता है जब मध्ययुगीन अंधविश्वास आत्मविश्वास से मिल जाता है।

आप जलती नली अपने सिर में लगाते हैं और शुद्धि की आशा करते हैं।

बाद में जो अवशेष दिखाया जाता है?
वह पिघली हुई मोमबत्ती है।

न विष।
न आघात।
सिर्फ़ मोम।

यह उपचार नहीं है–यह खेल है: “किस बिंदु तक आगज़नी पहुँचे, इससे पहले कि कोई सवाल पूछे?”

प्रविष्टि 10

लिम्फ़ निकासी का उन्माद

यदि शरीर में कोई हिस्सा है, तो कल्याण-संस्कृति उसे रगड़ना, खुरचना, चूसना या “मुक्त” करना चाहती है।

प्रभावक दावा करते हैं कि हर मानवीय समस्या–सूजन, उदासी, अस्तित्वगत निराशा–“रुकी हुई लिम्फ़” के कारण होती है।

उनका उपचार?

- लकड़ी के फलक
- जेड की चम्मचें
- सिलिकॉन के निशान जो ऑक्टोपस के हमले जैसे लगते हैं

वे इसे विषहरण कहते हैं।
आपकी त्वचा इसे हमला कहती है।

आप विष नहीं छोड़ रहे।
आप दुनिया का सबसे महँगा चुम्बन-निशान बना रहे हैं।

हवा में जीने की आदत

प्रविष्टि 11

क) होलोट्रॉपिक श्वास-अभ्यास

आध्यात्मिक बेहोशी।

होलोट्रॉपिक श्वास-अभ्यास अति-श्वसन द्वारा प्रबोधन है।

प्रतिभागी ऐसे साँस लेते हैं मानो ऑक्सीजन से आगे निकलना चाहते हों, फिर दृष्टियों में गिर पड़ते हैं।

वे चिल्लाते हैं।
काँपते हैं।
पूर्वजों से संवाद करते हैं।

वे कहते हैं:
"मैंने ईश्वर को देखा।"

नहीं–आपने तारे देखे।

यह उपचार नहीं है।
यह ब्रांडिंग के साथ घबराहट का दौरा है।

ख) ओज़ोन उपचार

कल्याण-उद्योग को अंततः एक गैस मिल गई, जिसकी वह पूजा कर सके।

ओज़ोन उपचार में आपका रक्त लिया जाता है, उसे ऐसी गैस से मिलाया जाता है जिसे सामान्यतः हम साँस में नहीं लेते,

और फिर पूरे आत्मविश्वास से वापस डाल दिया जाता है– मानो किसी ने कभी विज्ञान की पुस्तक न खोली हो।

यह चिकित्सकीय वेश-धारण है:

- कई स्थानों पर अवैध
- प्रभावकों का प्रिय
- और पुरस्कार से एक फूटी नस की दूरी पर

अपने रक्तप्रवाह में वातावरण भरने से आप अमर नहीं होते। आप एक ऐसा प्रयोग बनते हैं, जिसकी किसी ने सहमति नहीं दी।

प्रविष्टि 12

परजीवी-शुद्धि आंदोलन

आँत-आधारित दानव-विज्ञान।

परजीवी-शुद्धि के अनुयायी मानते हैं कि कीड़े ही कारण हैं कि वे:

- मिठाई चाहते हैं
- उदास हैं
- ग़लत निर्णय लेते हैं
- समय भूल जाते हैं
- अस्तित्व में हैं

हवा में जीने की आदत

कथित रूप से, परजीवी भावनात्मक हैकर हैं–आँतों का सहायक–फुसफुसाते हुए निर्देश देते हैं।

उनका उपचार?

जड़ी-बूटी वाला नेपाम।

फिर वे शौचालय को ऐसे जाँचते हैं जैसे कोई गुप्तचर खोई हुई बुद्धि का मामला सुलझा रहा हो।

तस्वीरों में दिखाए गए वे "परजीवी"?

- श्लेष्मा
- भोजन
- पूरक
- पछतावा

आपकी बड़ी आँत को भूत-भगाने की ज़रूरत नहीं है। आपको पानी, रेशा, और कोई शौक चाहिए।

खंड पाँच

संबंध और लगाव की उन्मादिता

क्योंकि आधुनिक संबंध असफल नहीं हो रहे–उन्हें समझाने वाले ढाँचे हो रहे हैं।

हवा में जीने की आदत

प्रविष्टि 13

जुड़वाँ ज्वालाएँ और ब्रह्मांडीय रूप से अनुमोदित अराजकता

विकार के लिए नियति का बहाना।

जुड़वाँ ज्वालाएँ संबंध-भ्रम का अंतिम चरण हैं–एक ऐसा विश्वास-तंत्र जो अराजकता को नियति और भावनात्मक उपेक्षा को आध्यात्मिक गृहकार्य बना देता है।

सिद्धांत काव्यात्मक लगता है:
आपकी आत्मा दो भागों में बँट गई, और आपका मिशन है दूसरा आधा ढूँढना।

सुंदर कल्पना–जब तक आप यह न देखें कि "दूसरा आधा" हमेशा होता है:

- भावनात्मक रूप से अनुपलब्ध
- लगातार असंगत
- ज़िम्मेदारी से एलर्जिक
- और किसी तरह "आपकी नियति"

हर जुड़वाँ-ज्वाला कथा अपराध-रिपोर्ट जैसी लगती है:

"मैं उनसे मिला।
वे गायब हुए।
वे लौटे।
वे फिर गायब हुए।

हवा में जीने की आदत

वे कुछ उधार लेने आए।
वे फिर गायब हुए।”

यह ब्रह्मांडीय नृत्य नहीं है।
यह वह व्यक्ति है जिसे बातचीत समाप्त करना नहीं आता।

जुड़वाँ-ज्वाला भविष्यवक्ता ज़ोर देते हैं:
“वह जुड़ाव की गहराई से डरकर भागता है।”
वह इसलिए भागता है क्योंकि उसके पास पैर हैं।

“वह आपको नज़रअंदाज़ करता है ताकि आपकी आध्यात्मिक वृद्धि तेज़ हो।”
वह आपको नज़रअंदाज़ करता है क्योंकि उसने सूचनाएँ बंद कर दी हैं।

“वे आपके गहरे घावों का प्रतिबिंब हैं।”
वे आपकी सीमाओं का प्रतिबिंब हैं–उन्हें तोड़कर।

जुड़वाँ ज्वालाएँ चेतावनी-संकेतों को प्रकाशन का नाम देती हैं।
कुछ भी रहस्यमय नहीं हो रहा।
जल सिर्फ़ आपका आत्म-सम्मान रहा है।

यह विश्वास लोगों को भ्रम की पूजा करना, असंगति को रोमांटिक बनाना,
और अराजकता को आध्यात्मिक अर्थ देना सिखाता है–
क्योंकि पीड़ा वास्तविकता से अधिक रोचक लगती है।

यह पृथ्वी का सबसे नशेड़ी झूठ बेचता है:
आपका कष्ट पवित्र है।

हवा में जीने की आदत

लोग यह मानना ज़्यादा पसंद करते हैं कि दिल-टूटना नियति है, बजाय उस नीरस सत्य को स्वीकार करने के:
कुछ लोग आपको नहीं चाहते।

यह ब्रह्मांडीय नहीं है।
यह स्पष्टता है।

अगर कोई आपकी गरिमा में आध्यात्मिक रैकून की तरह बार-बार आता-जाता है,
तो वह आपकी ज्वाला नहीं है।
वह आपका पाठ है।

बुझा दीजिए।

प्रविष्टि 14

क) डोर-विच्छेदन अनुष्ठान और आध्यात्मिक काग़ज़-कतरनी

उन समस्याओं के लिए नकली अंत, जो अब भी मौजूद हैं।

डोर-विच्छेदन कल्पनात्मक कैंची से पहचान-प्रबंधन है।

आप मोमबत्तियाँ जलाते हैं, पंख हिलाते हैं, अक्षर जपते हैं,
और स्वयं को "मुक्त" घोषित करते हैं–ऐसी चीज़ से जिसे कभी आतिशबाज़ी की ज़रूरत ही नहीं थी।

वे सूक्ष्म-जगत के बिजली-मिस्त्री की तरह बोलते हैं:
• "यह डोर पैतृक है।"

हवा में जीने की आदत

- "यह डोर कर्मिक है।"
- "यह डोर आपके सौर-मंडल में अटकी है।"

कोई डोर नहीं है।
आपके धड़ में कोई तार-जाल नहीं है।

आपको अनुष्ठान नहीं चाहिए।
आपको निर्णय चाहिए।

डोर-विच्छेदन टालमटोल की आध्यात्मिक संतान है:

अगर समस्या हल नहीं कर सकते–उसे समारोह बना दो।

अगर परिणाम स्वीकार नहीं कर सकते–उसे नाटकीय बना दो।

आप ऊर्जा नहीं काट रहे।
आप दिखावा कर रहे हैं कि काग़ज़ी कार्यवाही ही चिकित्सा है।

ख) लगाव-प्रचारक और नैदानिक रंगमंच

मनोविज्ञान को गृहकार्य सहित ज्योतिष में बदलना।

लगाव सिद्धांत कभी विकासात्मक पैटर्न समझाता था।
अब वह सब कुछ समझाता है:

- देर से उत्तर = विकृति
- विराम = आघात
- हिचक = विकार
- विराम-चिह्न = बचपन का घाव

हवा में जीने की आदत

हर कोई एक भावनात्मक प्रवाह-चार्ट लेकर चलता है, मानो वह सुरक्षा-जाँच का नियम हो।

"मैं अनिर्णयशील नहीं हूँ—मेरा तंत्र सक्रिय हो गया है।"

अनुवाद:
आपने एक चित्र-सूचना पढ़ी और खुद को प्रमाणित तंत्रिका-विशेषज्ञ घोषित कर दिया।

लगाव-प्रचारक व्यवहार नहीं देखते—वे कारण बाँटते हैं।
वे संवाद नहीं करते—वे वर्गीकरण करते हैं।

उन्हें सत्य में रुचि नहीं है।
सिर्फ़ अपने असुविधा को वैज्ञानिक-से लगने वाले संज्ञाओं से नाम देने में।

यह अब मनोविज्ञान नहीं है।
यह संदर्भ-सूचियों के साथ कुंडली-निदान है।

प्रविष्टि 15

ध्रुवता प्रशिक्षक और लैंगिक ब्रह्मांडीय कल्पना

अगरबत्ती के साथ ब्रह्मांडीय रूढ़ियाँ।

ध्रुवता प्रशिक्षक दावा करते हैं कि ब्रह्मांड दो ऊर्जाओं से चलता है:
पुरुष (निर्णायक, स्थिर, पर्वत, तलवार)

हवा में जीने की आदत

स्त्री (प्रवाह, दीप्ति, चाँदनी, शिफ़ॉन)

ये विवरण नहीं हैं।
ये कपड़े चुनने के विकल्प हैं।

वे सिखाते हैं कि हर समस्या "ऊर्जात्मक पतन" से पैदा होती है–जो कहने का काव्यात्मक तरीका है:
"आप उस पोशाक की तरह व्यवहार नहीं कर रहे जो हमने आपको दी थी।"

उनकी शब्दावली:

- "सार को धारण करना"
- "ध्रुव को थामना"
- "धारा सक्रिय करना"
- "पवित्र आवेश"

उनकी वास्तविकता:
लोग भौतिकी का वेश-धारण करते हुए, व्यक्तित्व-लक्षणों को योग-शिविर से चुराए रूपकों से समझाते हैं।

ध्रुवता आध्यात्मिकता नहीं है।
वह सुगंधित मोमबत्तियों के साथ उन्नीस सौ तिरेपन है।

खंड छह

गुरु, प्रशिक्षक और छद्म-विशेषज्ञ

क्योंकि इस युग में, एक क्रिस्टल, एक रिंग-लाइट और फुसफुसाती आवाज़–बस यही आध्यात्मिक प्राधिकरण के लिए काफ़ी है।

हवा में जीने की आदत

प्रविष्टि 16

क) चंद्र-चक्र मार्गदर्शक

ज़िम्मेदारी से डरने वालों के लिए खगोल-विज्ञान।

चंद्र-चक्र मार्गदर्शक मानते हैं कि चंद्रमा आपका पर्यवेक्षक है। वे अपना पूरा जीवन ऐसे चंद्र-अनुसूची तंत्र के अनुसार चलाते हैं, जिसकी किसी ने माँग नहीं की।

- अमावस्या → संकल्प
- बढ़ता चंद्र → उत्पादकता
- पूर्णिमा → अस्तित्वगत विघटन
- घटता चंद्र → हर बात का दोष ब्रह्मांड पर
- कृष्ण चंद्र → गायब हो जाना

वे ब्रह्मांडीय दफ़्तरकर्मियों की तरह बोलते हैं:
“समय-सीमा विफल नहीं हुई–आपका चंद्र प्रतिकूल था।”

नहीं।
आपका चंद्र समय-सीमा नहीं चूका।
आप चूके।

चंद्रमा ज्वार-भाटों को नियंत्रित करता है, आपके करों को नहीं।
वह महासागरों को प्रभावित करता है, आपके ई-पत्रों को नहीं।

अगर चंद्रमा उत्पादकता तय करता, तो अंतरिक्ष संस्थानों में मानव-संसाधन विभाग होता।

चंद्र-मार्गदर्शन दिशा नहीं है।
वह खगोलीय काजल लगाए टालमटोल है।

आप चंद्र-चालित नहीं हैं।
आप कैलेंडर से बच रहे हैं–ग्रहों की सजावट के साथ।

ख) हार्मोन-फुसफुसाने वाले और अंतःस्रावी शमन जीवविज्ञान का पौराणिक पुनर्लेखन।

ये साधक हार्मोनल "असंतुलन" का निदान करते हैं–

- नाड़ी छूकर
- आभा सूँघकर
- सामाजिक माध्यम देखते हुए
- अनुभूति के आधार पर

वे अंतःस्रावी भविष्यवक्ताओं की तरह बोलते हैं:
"आपका कॉर्टिसोल शोक में है।"
"आपका एस्ट्रोजन सुरक्षित महसूस नहीं कर रहा।"
"आपकी थायरॉइड आपकी सीमाओं से थक गई है।"

नहीं।

आपकी थायरॉइड थकी नहीं है।

हवा में जीने की आदत

आप थके हुए हैं।

उनका उपचार?

- चार बादाम
- चिया-अनुष्ठान
- चंद्र-दूध
- लेखन-अभ्यास
- फुसफुसाए गए पुष्टि-वाक्य

इस बीच, वास्तविक अंतःस्रावी विशेषज्ञ आग के बारे में सोच रहे हैं।

हार्मोन भावनात्मक सहकर्मी नहीं हैं।
उन्हें समापन की ज़रूरत नहीं।
उन्हें जैविक नियंत्रण चाहिए–चंद्र-नाम वाले पेय नहीं।

वे आपके हार्मोन नहीं सुन रहे।
वे अपनी व्यापार-योजना सुन रहे हैं।

प्रविष्टि 17

क) आवृत्ति-उपचारक और कंपन-भविष्यवक्ता

काल्पनिक गणित से वास्तविक निराशा का समाधान।

आवृत्ति-उपचारक भावनाओं को संख्याएँ देते हैं, मानो उदासी की क़ीमत तय कर रहे हों।

- लज्जा = 20

हवा में जीने की आदत

- आनंद = 500
- प्रबोधन = 1000
- चिंता = "बुध प्रतिगामी × बचपन"

ये संख्याएँ कहाँ से आती हैं?
कहीं से नहीं।

वे उन पुस्तकों में छपी होती हैं जो रहस्यमय माइक्रोवेव निर्देशिकाओं जैसी लगती हैं।

अपनी आवृत्ति बढ़ाने के लिए आप:

- जप करते हैं
- ताली बजाते हैं
- बरतनों में गुनगुनाते हैं
- भ्रमित हारमोनियम की तरह साँस लेते हैं
- और उनका पाठ्यक्रम खरीदते हैं

ये कंपन नहीं हैं।
ये लाभ-सीमाएँ हैं–आध्यात्मिक वेश में।

अगर आपका किराया देर से है, तो आप ऊँचा कंपन नहीं कर सकते।
अगर बुधवार से सोए नहीं हैं, तो आवृत्ति नहीं बदलती।

यह उपचार नहीं है।

यह उन लोगों के लिए अंक-विद्या है जो गणित में असफल रहे।

हवा में जीने की आदत

ख) ध्वनि-दीक्षा (ध्वनि-स्नान)

साज-सामान के साथ झपकी।

ध्वनि-स्नान वे योग-कक्ष हैं जो मंदिर होने का अभिनय करते हैं।

आप लेटते हैं, और कोई सूती वस्त्रों में व्यक्ति कटोरियों पर हथौड़ा मारता है–मानो पशु बुला रहा हो।

वे फुसफुसाते हैं:
“यह स्वर आपकी मूल-चक्र को सक्रिय करता है।”

नहीं।
यह स्वर सिर्फ़ आपका फ़ोन देखने की इच्छा सक्रिय करता है।

प्रतिभागी इसे आघात-मुक्ति कहते हैं।
चिकित्सक इसे जानबूझकर सो जाना कहते हैं।

आपने अतिक्रमण नहीं किया।
आपने कानूनी झपकी ली।

यह आध्यात्मिकता नहीं है।
यह बालवाड़ी की विश्राम-घड़ी का नया नाम है।

प्रविष्टि 18

श्वास-प्रसिद्धियाँ और ऑक्सीजन-भविष्यवक्ता

क़िस्तों में हवा बेचना।

हवा में जीने की आदत

श्वास-प्रभावकों ने असंभव कर दिखाया–उन्होंने अनैच्छिक श्वसन को भी बिकाऊ बना दिया।

उनके कार्यक्रमों में शामिल हैं:

- “क्वांटम श्वास सक्रियण”
- “समृद्धि की साँस”
- “ऑक्सीजन आरोहण प्रशिक्षण”

मित्र–अगर आप जीवित हैं, तो आप पहले से पंजीकृत हैं।

वे दावा करते हैं कि श्वास:

- आघात ठीक कर सकती है
- धन सक्रिय कर सकती है
- नियति पुनर्संरिखित कर सकती है
- अंगों को चंगा कर सकती है
- उद्देश्य खोल सकती है

श्वास कोई चमत्कार नहीं है।
वह विपणन विभाग के साथ ऑक्सीजन है।

उन्होंने श्वसन-ढर्रों को विदेशी नाम दे दिए:

- जगुआर-उच्छ्वास
- सचेत शुद्धि
- फेफड़ा-जागरण अनुक्रम

अनुवाद:
साँस लेना।

हवा में जीने की आदत

कोई भी पवित्र श्वसन आपके जीवन की समस्याएँ हल नहीं करेगा।

अगर साँस लेने से अस्तित्वगत भय मिटता,

तो हर नवजात प्रबुद्ध होता।

यह प्रबोधन नहीं है।
यह ब्रांडिंग के साथ हवा है।

खंड सात

जैव-हैकिंग, बर्फ़-स्नान और शरीर से छेड़छाड़

क्योंकि वास्तविक स्वास्थ्य अपनाने से बेहतर है–अपने शरीर को ऐसे यातना देना, मानो उस पर आपका क़र्ज़ हो।

हवा में जीने की आदत

प्रविष्टि 19

क) ठंडे जल में पुरुषत्व ओलंपिक

प्रतिष्ठा के लिए पीड़ा का कल्याण।

ठंडे जल में डुबकी कभी एक शर्त हुआ करती थी।
अब वह एक व्यक्तित्व बन चुकी है।

पुरुष स्वेच्छा से बर्फ़ से भरी बाल्टियों में बैठते हैं–मानो वाइकिंग्स ने सामाजिक माध्यम खोज लिया हो।

वे भोर में कैमरे की ओर देखते हैं और फुसफुसाते हैं:
"मैं असुविधा को अपनाता हूँ।"

किराया देने वाला हर वयस्क भी यही करता है।

वे हाइपोथर्मिया को प्रबोधन समझते हैं:

- "मैं योद्धा-स्थिति सक्रिय कर रहा हूँ।"
- "मैं अपनी जीवविज्ञान जगा रहा हूँ।"
- "मैं अनुशासन खोल रहा हूँ।"

नहीं।
आप शीतदंश खोल रहे हैं।

आपके परदादा ठंड में लकड़ी काटते थे क्योंकि उनके पास विकल्प नहीं था।
अगर वे आपको सामग्री के लिए स्वेच्छा से बर्फ़ीले पानी में उतरते देखें, तो आपको कुल्हाड़ी पकड़ा कर कहें:

हवा में जीने की आदत

"अनुशासन चाहिए? कुछ बनाओ।"

ठंडे जल में डुबकी पुरुषत्व नहीं है।
वह कैमरे द्वारा प्रायोजित आत्म-पीड़ा है।

ख) शीत-निमज्जन पंथ

बर्फ़, प्रभावक, और पहचान का वेश-धारण।

शीत-निमज्जन असुविधा से पवित्रता बन गया है।
अब यह पूरा धर्म है, जिसमें शामिल हैं:

- शिविर
- ब्रांडेड तौलिए
- वाइकिंग-जप
- वस्त्र जो आर्कटिक नाटक जैसे लगते हैं

अनुयायी अपने नाम रखते हैं:

- हिम-जनों का दल
- बर्फ़-शिष्य
- शीत-बंधुत्व

यह उद्धार के बिना बपतिस्मा है।
कोई अधिक बुद्धिमान नहीं निकलता—सिर्फ़ काँपता और निर्जलित।

वे जपते हैं:

हवा में जीने की आदत

"सुख शत्रु है।"

सही।
लेकिन खुद को जमाना समाधान नहीं है।

वह सिर्फ़ ब्रांडिंग के साथ पीड़ा है।

सब कुछ ठंडा है:

- ठंडी सुबह
- ठंडी श्वास
- ठंडी लेखन-प्रक्रिया
- ठंडी कृतज्ञता
- ठंडी सामुदायिक गोलाइयाँ

सब कुछ–गरम तर्क छोड़कर।

यह कल्याण नहीं है।
यह बर्फ़ की बाल्टी के तले मिली पहचान है।

प्रविष्टि 20

क) श्वास-कट्टरता

श्वसन का धर्म।

साँस लेना कभी अनैच्छिक था।
अब वह सिद्धांत है।

श्वास-कट्टरता के अनुसार:

हवा में जीने की आदत

- मुख से साँस लेना पाप है
- नासिका से साँस लेना मोक्ष है
- टेप एक संस्कार है

वे रात में अपने मुँह पर टेप लगाते हैं–मानो अपने फेफड़ों से समझौता कर रहे हों।

हर समस्या का एक ही अपराधी है:

- चिंता? मुख-श्वसन।
- थकान? मुख-श्वसन।
- वैश्विक पतन? संभवतः मुख-श्वसन।

वे ऑक्सीजन-पुरोहितों की तरह बोलते हैं:
“मेरा नासिका-पथ जाग रहा है।”

नहीं।
आपने बस टेप खरीदा है।

यह उपचार नहीं है।
यह आपके श्वसन-तंत्र का गृहकार्य है।

ख) भूखमरी रहस्यवाद

ब्रांडिंग के साथ भूख।

उपवास कभी आहार था।
अब वह हैशटैग के साथ व्यक्तित्व-विकार है।

हवा में जीने की आदत

वे कहते हैं:

"मैं उन्नीस घंटे से नहीं खाया। मुझे दिव्यता महसूस हो रही है।"

आप दिव्य नहीं हैं।
आप चक्कर में हैं।

वे नाश्ते को नैतिक विफलता और दोपहर के भोजन को आध्यात्मिक पतन मानते हैं।
वे भूख को प्रबोधन समझते हैं–न कि जीवविज्ञान की ध्वनि-संदेश सेवा:
कुछ खाओ।

वे दावा करते हैं कि उपवास सब कुछ ठीक करता है:

- लज्जा
- थकान
- वित्त
- नियति
- ग्रह-संरेखण

नहीं।
उपवास सिर्फ़ आपके किराने का बिल ठीक करता है।

आप रहस्यवादी नहीं हैं।
आप वाई-फ़ाई वाला भूखा व्यक्ति हैं।

भूखमरी रहस्यवाद गहराई नहीं है।
वह कम रक्त-शर्करा है, जो ज्ञान का अभिनय कर रही है।

हवा में जीने की आदत

प्रविष्टि 21

दीर्घायु प्रयोग-चूहे

वास्तविक समय में बूढ़े होते जैव-हैकर।

जैव-हैकर अमरता इतनी चाहते हैं कि जीवित रहने का आनंद भूल जाते हैं।
उनका जीवन नाड़ी-पाठ के साथ चलने वाली स्प्रेडशीट है।

वे दर्ज करते हैं:

- स्वप्न-चक्र
- कॉर्टिसोल वक्र
- माइटोकॉन्ड्रिया की फुसफुसाहट
- ग्लूकोज़ चाप
- ऐसी बातें जिनकी किसी चिकित्सक को परवाह नहीं

उनकी रसोई अवैध रसायनशालाओं जैसी लगती है:

- टिंचर
- चूर्ण
- लाल प्रकाश
- मुख-टेप
- ऐसे शिरस्त्राण जिनमें आप उदास सैनिक जैसे दिखते हैं

उनके पूरकों के नाम होते हैं–अनंत जीवन का वादा, और महँगा मूत्र प्रदान करने वाले।

हवा में जीने की आदत

वे अधिक समय तक नहीं जीते।
वे अधिक घबराकर जीते हैं।

दीर्घायु अब साधना नहीं रही।
वह आपके यकृत के साथ बंधक-वार्ता है।

खंड आठ

जीवन-शैली सौंदर्यशास्त्र का उन्माद

क्योंकि वयस्क ज़िम्मेदारी से बचने के लिए कुछ भी करेंगे–यहाँ तक कि अपनी अव्यवस्था को एक ब्रांड बना देंगे।

हवा में जीने की आदत

प्रविष्टि 22

न्यूनतावाद: दो काँटों के स्वामित्व से पवित्रता

सज्जा के वेश में आध्यात्मिक भूख।

न्यूनतावाद कभी साधारण समझ था–कूड़ा जमा मत करो। अब यह एक धर्म है, जहाँ पवित्रता हासिल होती है इनके स्वामित्व से:

- दो काँटे
- एक तौलिया
- पाँच बेज़ कमीज़ें
- और रंग से रोगात्मक भय

न्यूनतावादी भिक्षुओं की तरह फुसफुसाते हैं:
"आज मैंने तैंतालीस वस्तुएँ मुक्त कीं।"

मुक्त?
क्या वे क़ैदी थीं?

वे कम में जीने का ढिंढोरा पीटते हैं, लेकिन अधिक खर्च करते हैं:

- अव्यवस्था-हटाने के पाठ्यक्रमों पर
- भंडारण प्रणालियों पर
- कम किताबें रखने पर किताबों पर

हवा में जीने की आदत

• चालीस की मोमबत्तियों पर, जिनसे कुछ भी नहीं महकता

न्यूनतावादी घर ऐसे लगते हैं मानो आनंद पीड़ित हो और स्थान अपराध-स्थल।

वे कहते हैं:
"मेरा स्थान मेरी आंतरिक शांति दर्शाता है।"

नहीं–आपका स्थान दर्शाता है कि आपने वस्तुओं की जगह विचारधारा रख ली है
और इसलिए फ़्लेमिंगो की तरह सोते हैं, क्योंकि पलंग "ऊर्जात्मक अव्यवस्था" है।

न्यूनतावाद प्रबोधन नहीं है।
वह शुद्धता के वेश में दरिद्रता है।

प्रविष्टि 23

क) वैन-जीवन प्रबोधन

झिलमिल रोशनियों के साथ बेघरपन।

वैन-जीवन अपनाने वालों ने जीवन सरल नहीं किया–उन्होंने अपनी समस्याएँ पहियों वाले धातु-आयत में स्थानांतरित कर दीं।

उनका सुसमाचार:
"मैं स्वतंत्र हूँ।"

हवा में जीने की आदत

अनुवाद:
“मैं पेट्रोल पंपों पर नहाता हूँ और बाल्टी में शौच करता हूँ।”

वे सूर्योदय वाले समुद्रतटों की डींग हाँकते हैं,
कभी इनकी नहीं:

- बड़े स्टोरों की पार्किंग में ठिठुरना
- फफूँदीदार कंबल
- हफ्ते में दो बार चलने वाले चूल्हे
- अजनबी जो खटखटाकर कहते हैं–“यहाँ खड़े नहीं हो सकते”

वे उपभोक्तावाद त्यागने का दावा करते हैं, जबकि उनकी वैनें होती हैं:

- विशेष रूप से बनी
- सौर-ऊर्जा चालित
- प्रभावक-प्रायोजित
- और कई अपार्टमेंटों से महँगी

वे वैन में नहीं रहते।
वे वैन की तस्वीरों में रहते हैं।

वास्तविक वैन-जीवन है:

- गीले मोज़े
- अनिश्चित मरम्मत
- और यह अहसास कि आपने नलसाज़ी को “अनुभूति” से बदल दिया

यह स्वतंत्रता नहीं है।
यह इनकार के साथ वयस्क शिविर है।

ख) डिजिटल घुमंतू रहस्यवाद

हवाई मीलों के साथ टालमटोल।

डिजिटल घुमंतू मानते हैं कि प्रबोधन तब होता है जब आप किसी द्वीप का टिकट लें और ताड़ के पास लैपटॉप खोलें।

उनकी धर्मशास्त्र:

- गति = विकास
- वाई-फ़ाई = नियति
- विदेशी कैफ़े = आध्यात्मिक द्वार

वे स्वयं को "स्थान-स्वतंत्र" कहते हैं।
नहीं–वे वाई-फ़ाई-निर्भर हैं
और लिनन पहनने वाले अन्य प्रवासियों से भावनात्मक सहारा लेते हैं, जिनका मकान-मालिक से वर्षों से स्थिर संबंध नहीं रहा।

वे कहते हैं:
"मैं अपनी चेतना का विस्तार कर रहा हूँ।"

आप अपने अवकाश-आवास का बिल बढ़ा रहे हैं।

"मैं समुद्रतट से काम करता हूँ।"

हवा में जीने की आदत

आपके सहकर्मी समुद्री पक्षियों और हवा की आवाज़ सुनते हैं–सफलता नहीं।

घुमंतूपन जागरण नहीं है।
वह लिनन पतलून में समस्याओं से भागना है।

प्रविष्टि 24

ज्योतिषीय स्थल-मानचित्रण: जब तारामंडल आपका डाक-कोड चुनें

ज़िम्मेदारी से एलर्जिक लोगों के लिए ब्रह्मांडीय अचल-संपत्ति।

ज्योतिषीय स्थल-मानचित्रण सिखाता है कि आपकी नियति इस पर निर्भर है कि किस ग्रह ने आपके शहर से कथित रेखा खींची।

इसलिए वयस्क अपना जीवन उखाड़ देते हैं, क्योंकि किसी चार्ट-धारक ने कहा कि उनकी आत्मा किसी शहर में रहती है।

वे कहते हैं:
"मेरी मंगल-रेखा अमुक प्रदेश से गुजरती है। मैं वहाँ नहीं रह सकता।"

क्यों? युद्ध? शत्रुता?
नहीं–क्योंकि मंगल "रेगिस्तान पसंद नहीं करता।"

हवा में जीने की आदत

“मेरी शुक्र-रेखा समुद्री नगर में है। इसलिए मैं वहाँ आकर्षक महसूस करता हूँ।”

वहाँ हर कोई आकर्षक महसूस करता है।
वह रोशनी है—शुक्र नहीं।

यह ब्रह्मांडीय एकाधिकार-खेल है:

- शहर चुनो
- वहाँ जाओ
- फिर चकित हो जाओ जब समस्याएँ साथ पहुँचें

आपकी समस्याएँ भौगोलिक नहीं हैं।
वे जीवन-वृत्तात्मक हैं।

आपका जीवन तारों में नहीं छिपा।
वह आपकी आदतों में छिपा है।

पर ज़रूर—शनि की अनुमति से किसी और शहर चले जाइए।

प्रविष्टि 25

क्रोध-कक्ष: पवित्र वयस्क तांडव

चिकित्सा से इनकार करने वालों के लिए चिकित्सा।

क्रोध-कक्ष वे जगहें हैं जहाँ वयस्कता ने हाथ खड़े कर दिए।

आप सुरक्षा चश्मा पहनते हैं, डंडा उठाते हैं, और माइक्रोवेव तोड़ते हैं—यह मानते हुए कि यह व्यक्तिगत विकास है।

हवा में जीने की आदत

वे इसे कहते हैं:

- "दैहिक मुक्ति"
- "भावनात्मक शुद्धि"
- "तंत्रिका-तंत्र पुनर्स्थापन"

नहीं–यह मनोरंजक तोड़-फोड़ है।

एक कर्मचारी आपको हथौड़ा थमाता है, मानो आप अपने
बचपन का बदला लेने जा रहे हों, और कहता है:
"जो भीतर दबा है, उसे बाहर निकालिए।"

क्या दबा है?
आशा?

आप प्लेटें तोड़ते हैं, गुर्राते हैं, चिल्लाते हैं, पसीना बहाते हैं,
और कहते हुए निकलते हैं:
"मैं हल्का महसूस कर रहा हूँ।"

हाँ–क्योंकि परिवर्तन से आसान उन्मोचन है।

फिर आप उसी जीवन में लौटते हैं
जिसने आपको पहले गुस्सा दिलाया था।

क्रोध-कक्ष कुछ भी हल नहीं करते।
वे बस आपको अस्थायी रूप से वस्तुओं को पीटने देते हैं–
वास्तविकता से भिड़ने के बजाय।

आप चंगे नहीं हुए।
आपने निगरानी में तांडव किया।

उपसंहार

घास-विहीन भविष्य

यदि आप यहाँ तक पहुँच गए हैं, तो बधाई–आपने वह आधुनिक बेतुकापन सह लिया है, जिसे कोई भी समझदार वयस्क बिना जोखिम-भत्ते के नहीं झेलना चाहिए।

आप उन लोगों से मिल चुके हैं जो योग-चटाइयों पर काँपकर बचपन का उपचार करते हैं, जो कल्पनात्मक कैंचियों से संबंध तोड़ते हैं, जो ऐसे विष जलाते हैं जो अस्तित्व में ही नहीं, और जो मानते हैं कि ग्रह उनके प्रेम-जीवन में गहरी रुचि रखते हैं।

आपने श्वास-भविष्यवक्ताओं, कंपन-मसीहाओं, और ढोल बजाने वाले शमनों को देखा है–जो साधारण फर्नीचर भी जोड़ नहीं पाते, पर किसी तरह आपकी आत्मा पर अधिकार का दावा करते हैं।

आपने परिपक्व वयस्कों को सब कुछ करते देखा है–सब कुछ–सिवाय इसके कि वे जीवन का सीधे सामना करें।

अब जब आप इस कल्याण-सर्कस की पूरी सैर कर चुके हैं–झूले से लेकर तमाशे तक–तो एक असहज सत्य सामने आता है:

हवा में जीने की आदत

इनमें से कोई भी पागल नहीं है।
वे भटके हुए हैं।

भटके हुए लोग किसी भी ऐसी चीज़ से चिपक जाते हैं जो निश्चितता का वादा करे–एक पत्थर, एक चंद्र-चार्ट, ध्वनि देने वाला कोई पात्र। कुछ भी, बस उस डरावने सच को मानने से आसान हो:

कोई शॉर्टकट नहीं है।
कोई अनुष्ठान नहीं।
कोई ब्रह्मांडीय तरकीब नहीं।
कोई रहस्यमय मोड़ नहीं।

सिर्फ़ मनुष्य होने का अलंकरण-रहित श्रम।

आधुनिक साधक मूर्ख नहीं है।
वह डरा हुआ है–ज़िम्मेदारी से, वयस्कता से, वास्तविकता से।

और स्व-सहायता उद्योग ने उसी डर को सोने की खान बना दिया है।

यह पुस्तक घायलों का उपहास नहीं करती।
यह उन विक्रेताओं का उपहास करती है जो चमक से बने पट्टे बेचते हैं।

त्रासदी भ्रम नहीं है।
त्रासदी उसके नीचे की वह एकाकीपन है–इतना गहरा कि वयस्क यह मानना अधिक आसान समझते हैं कि:

- उनकी आभा को सुर में लाना है

हवा में जीने की आदत

• उनकी नियति लिम्फ़ में फँसी है

• उनका आत्म-साथी प्रतिबद्धता से ब्रह्मांडीय रूप से एलर्जिक है

• उनका आघात कोहनी में रहता है

• उनका सर्वश्रेष्ठ जीवन किसी समानांतर ब्रह्मांड में चल रहा है—बेहतर पत्तेदार सब्ज़ियों के साथ

बजाय उस कहीं अधिक डरावने सच के:

आपका कोई रहस्यमय संस्करण नहीं है।
सिर्फ़ आप हैं।
और आप—सहारे के बिना—पर्याप्त हैं।

आपको ज़रूरत नहीं है:

• किसी गुरु की

• किसी चंद्र-अनुष्ठान की

• किसी श्वास-पुरोहित की

• किसी कंपन करने वाले पत्थर की

• कल्पनात्मक डोर काटने की रस्म की

• ऐसी दीपक-रोशनी की जो न के बराबर आत्म-धूल शुद्ध करे

आपको ज़रूरत है:

• ईमानदारी की

• प्रयास की

• विनम्रता की

हवा में जीने की आदत

- ऐसे मित्रों की जो सच कहें
- और उस जीवन की जो वास्तविकता में मौजूद हो

विकास ब्रह्मांडीय नहीं है।
वह दर्दनाक रूप से–और सुंदर रूप से–साधारण है।

तो फिर "हवा में जीने की आदत" क्यों?

"घास छुओ" एक मीम है।
एक पंचलाइन।
एक विनती।

पर हमने आपको उसे छूने को नहीं कहा–अभी नहीं।

इस पुस्तक का उद्देश्य अलग था:
पहले यह दिखाना कि आधुनिक लोग बाहर चलने के बजाय नए-नए धर्म गढ़ना क्यों पसंद करते हैं।

हवा में जीने की आदत कोई आदेश नहीं है।
वह एक निदान है।

यह उस कहानी का नाम है जो तब बनती है जब लोग वास्तविकता से इतने दूर भटक जाते हैं कि साधारण चीज़ें भी डरावनी लगने लगती हैं–जब अनुष्ठान पहचान बन जाते हैं, भ्रम संस्कृति बन जाता है, और सरल हर चीज़ तब तक संदिग्ध लगती है जब तक वह अगरबत्ती और पाठ-योजना के साथ न आए।

घास वास्तविकता का प्रतीक है:

- सरल

हवा में जीने की आदत

- स्थिर
- मानवीय
- असंदिग्ध

और इस पुस्तक का हर अध्याय एक ही लंबी घंटी रहा है:

भागना बंद करो।
अपना जीवन बेतुकापन को सौंपना बंद करो।
अपनी समस्याओं को आध्यात्मिक रंग देना बंद करो।

लौट आओ।
स्पष्टता की ओर लौट आओ।
ईमानदारी की ओर लौट आओ।
वास्तविकता की ओर लौट आओ।
अपने-आप की ओर लौट आओ।

क्योंकि जब शोर थम जाता है, जब पंख और पात्र समेट दिए जाते हैं, जब ब्रह्मांडीय बहाने घुल जाते हैं, तब आप बाहर कदम रखेंगे, पैरों को ज़मीन पर रखेंगे, और अंततः समझेंगे:

आपको कभी गुरु की ज़रूरत नहीं थी।
आपको कभी अनुष्ठान की ज़रूरत नहीं थी।
आपको कभी जादू की ज़रूरत नहीं थी।

आपको बस रुककर भागना छोड़ने का साहस चाहिए था।

वास्तविकता में आपका स्वागत है।
ज़मीन पर आपका स्वागत है।
घास में आपका स्वागत है।

परिशिष्ट क

आधुनिक कल्याण-भ्रमों पर क्षेत्रीय प्रतिवेदन

(यह सिद्ध करने के लिए कि आप भ्रम नहीं देख रहे थे)

क्या यह सचमुच हो रहा है?

हाँ।

- इन प्रथाओं के अपने सामाजिक-माध्यम पारिस्थितिकी तंत्र हैं
- ये अरबों की अर्थव्यवस्थाएँ चलाती हैं
- शिविर घंटों में भर जाते हैं
- प्रभावक एक ही पद्धति पर पूरा करियर खड़ा करते हैं
- लोग नगर बदलते हैं, विवाह तोड़ते हैं, और जीवन-भर की बचत खाली करते हैं

यह सीमांत नहीं है–
यही आधुनिक आत्म-पहचान की प्रमुख व्याकरण है।

खंड एक: स्वनिर्मित मनोविज्ञान का सर्कस

आंतरिक बाल-कार्य – पूर्णतः वास्तविक

- चिकित्सा में वैध रूप से प्रयुक्त (विशेषकर आघात-चिकित्सा में)
- सामाजिक माध्यमों ने इसे चलन बना दिया–जहाँ हर छोटी असुविधा = “आंतरिक बाल-घाव”

• लोग सचमुच अपने कल्पित छोटे रूपों से संवाद करते हैं

भाग-कार्य / आंतरिक परिवार प्रणाली – पूर्णतः वास्तविक

• आंतरिक परिवार प्रणाली एक वास्तविक, सम्मानित चिकित्सीय ढाँचा है
• विश्वभर में लाइसेंस प्राप्त चिकित्सकों द्वारा प्रयुक्त
• यथार्थ: यह प्रमाण-आधारित है और कुछ लोगों के लिए सहायक–पर सामाजिक माध्यमों ने इसे नाटकीय बना दिया
• लोग सचमुच अपने "भागों" (प्रबंधक, अग्निशामक, निर्वासित) से बातचीत करते हैं

दैहिक चिकित्सा – वास्तविक, पर रूपांतरित

• वैध दैहिक चिकित्सा मौजूद है (तंत्रिका-तंत्र में आघात के भंडारण के वैज्ञानिक प्रमाण हैं)
• "अधिग्रस्त पालतू की तरह काँपना"? यह भी वास्तविक पद्धतियाँ हैं
• लोग कक्षाओं में चटाइयों पर सचमुच काँपते हैं

भावनात्मक रसायन कार्यशालाएँ – वास्तविक

• ऐसी कार्यशालाएँ मौजूद हैं
• "भावनाओं का रूपांतरण" उनकी वास्तविक शब्दावली है

वेश-धारण चिकित्सा / आदर्श-रूप कार्य – वास्तविक

• मनोवैज्ञानिक परंपराओं पर आधारित

• अनेक प्रशिक्षक "अपने भीतर के योद्धा/देवी/राजा" को धारण करने की शिक्षा देते हैं

खंड दो: बुटीक जादूटोना

क्रिस्टल – अत्यंत वास्तविक

• बहु-अरब की उद्योग

• लोग सचमुच मानते हैं कि पत्थर आघात ठीक करते हैं, कंपन बढ़ाते हैं, ऊर्जा की रक्षा करते हैं

• सामाजिक माध्यम विक्रेताओं से भरे हैं

आभा-छायांकन – पूर्णतः वास्तविक

• बड़े नगरों में सत्र उपलब्ध

• जैव-प्रतिक्रिया संवेदक और विशेष छायांकन का उपयोग

• सत्र-शुल्क पर्याप्त

पूर्व-जन्म प्रतिगमन – वास्तविक

• सम्मोहन-चिकित्सक यह सेवा देते हैं

• लोग सचमुच मानते हैं कि वे ऐतिहासिक व्यक्तित्व रहे हैं

अकाशिक अभिलेख – वास्तविक

• "अकाशिक पाठक" व्यापक रूप से उपलब्ध

• दावा: आत्मा का ब्रह्मांडीय अभिलेखागार

हवा में जीने की आदत

शमन ढोल मंडल – वास्तविक

- शहरी योग-स्थलों और शिविरों में
- प्रतिभागी पूर्वजों से संपर्क मानते हैं

आत्मा-पुनर्प्राप्ति – वास्तविक

- शमन साधक यह सेवा देते हैं
- दावा: "असामान्य वास्तविकता" में जाकर आत्मा-खंड लाना

खंड तीन: प्रकटिकरण

कल्पना-पट – अत्यंत वास्तविक

- जीवन-प्रशिक्षण और स्व-सहायता में पढ़ाया जाता है
- लोग मानते हैं कि चित्र काटने से परिणाम आते हैं

लकी गर्ल सिंड्रोम – वास्तविक

- व्यापक चलन
- लोग मानते हैं कि वाक्य-पुष्टियाँ सौभाग्य उत्पन्न करती हैं

क्वांटम छलाँग – वास्तविक

- पाठ्यक्रम उपलब्ध
- दावा: समानांतर ब्रह्मांडों में स्वयं के रूपों तक पहुँचना

खंड चार: कल्याण-पंथ

लाल प्रकाश उपचार – वास्तविक

हवा में जीने की आदत

- कुछ उपयोगों के लिए स्वीकृत
- कल्याण-उद्योग इसे सर्व-उपचार बताता है

लिम्फ़ निकासी – अत्यंत वास्तविक

- विविध उपकरण और विधियाँ
- नीलापन "विषहरण" का प्रमाण बताया जाता है

नमक-गुफ़ाएँ / नमक-उपचार – वास्तविक

- अधिकांश बड़े नगरों में
- दावे: श्वसन, चिंता, त्वचा

होलोट्रॉपिक श्वास-अभ्यास – पूर्णतः वास्तविक

- विश्वभर में कार्यशालाएँ
- लोग काँपते हैं, रोते हैं, दर्शन बताते हैं

ओज़ोन उपचार – वास्तविक (और कई स्थानों पर प्रतिबंधित)

- दावे: प्रतिरक्षा, दीर्घायु, गंभीर रोग
- कुछ केंद्र फिर भी उपलब्ध

कर्ण-मोमबत्ती – वास्तविक

- खुले बाज़ार में उपलब्ध
- स्वास्थ्य संस्थानों ने चेतावनियाँ दी हैं

परजीवी-शुद्धि – वास्तविक

- हाल के वर्षों में व्यापक चलन
- चिकित्सकीय रूप से खंडित दावे

खंड पाँच: संबंध-उन्माद

जुड़वाँ ज्वालाएँ – अत्यंत वास्तविक (और जोखिमपूर्ण)

- लोग अपमानजनक संबंधों को “नियति” मानकर बनाए रखते हैं

डोर-विच्छेदन अनुष्ठान – वास्तविक

- ऊर्जा-उपचारकों द्वारा प्रस्तुत
- लोग अदृश्य डोरों में विश्वास करते हैं

लगाव सिद्धांत (सामाजिक-मंच रूप)

- वैध मनोविज्ञान
- अब हर व्यवहार को लेबल किया जाता है

ध्रुवता प्रशिक्षण – वास्तविक

- पुरुष/स्त्री ऊर्जा प्रशिक्षण व्यापक
- सत्र-शुल्क ऊँचे

खंड छह: गुरु और प्रशिक्षक

- चंद्र-चक्र मार्गदर्शन

हवा में जीने की आदत

- हार्मोन-फुसफुसाहट
- आवृत्ति-उपचार
- ध्वनि-स्नान
- श्वास-प्रसिद्धियाँ

सब वास्तविक। सब बिकाऊ।

खंड सात: जैव-हैकिंग

- ठंडे जल में डुबकी
- मुख-टेप श्वसन
- दीर्घायु-उन्माद
- भूखमरी रहस्यवाद

सब व्यापक। सब दस्तावेज़ित।

खंड आठ: जीवन-शैली सौंदर्यशास्त्र

- न्यूनतावाद
- वैन-जीवन
- डिजिटल घुमंतूपन
- ज्योतिषीय स्थल-मानचित्रण
- क्रोध-कक्ष

सब व्यावसायिक। सब सामान्य।

हवा में जीने की आदत

एकीकृत सत्य

ये सभी प्रणालियाँ एक ही भयावह प्रश्न का उत्तर देती हैं:
"मेरे जीवन की ज़िम्मेदारी किसकी है?"

और उत्तर बन गया है:
मेरी नहीं।

यह पुस्तक क्या नहीं है

- उपचार का उपहास नहीं
- पीड़ा का मज़ाक नहीं
- चिकित्सा, आध्यात्म, या जीवविज्ञान का खंडन नहीं

यह पुस्तक क्या है

एक सांस्कृतिक उत्परिवर्तन का निदान–जब ज़िम्मेदारी के उपकरण उससे बचने की रणनीतियाँ बन गए।

कल्याण पहले पूछता था:
"मैं बेहतर कैसे बनूँ?"

अब पूछता है:
"मैं स्वयं को समस्या मानने से कैसे बचूँ?"

पुराने धर्म उच्चतर के प्रति समर्पण सिखाते थे।
आधुनिक कल्याण नरम विकल्पों के प्रति समर्पण सिखाता है:

- समय-प्रबंधन के बजाय चंद्र-चक्र
- सीमाओं के बजाय आदर्श-रूप

हवा में जीने की आदत

- निर्णयों के बजाय नियति
- तथ्यों के बजाय अनुभूतियाँ
- मूल्यों के बजाय कंपन

ये प्रथाएँ घोटाले के रूप में शुरू नहीं हुईं।
अधिकांश वास्तविक अंतर्दृष्टि से निकलीं।

भ्रष्टाचार तब होता है जब:

- अंतर्दृष्टि पहचान बन जाती है
- रूपक तत्वमीमांसा बन जाता है
- सामना व्यक्तित्व बन जाता है
- असुविधा सिद्धांत बन जाती है
- भाषा कर्म का स्थान ले लेती है
- हर पीड़ा "आघात" कहलाने लगती है

परिणाम?

आत्म-जागरूकता में दक्ष, आत्म-शासन में निरक्षर संस्कृति।

हम ज़िम्मेदारी से इनकार नहीं करते—हम उससे बचने के कारणों को आध्यात्मिक बना देते हैं।

यह पुस्तक प्रयास को छोटा नहीं करती।

यह दिखाती है कि जब प्रयास प्रदर्शन बन जाता है, तो क्या होता है।

त्रासदी यह नहीं कि लोग भटके हैं।
त्रासदी यह है कि वे भटकाव को ही गंतव्य समझ लेते हैं।

हवा में जीने की आदत

अंतिम प्रहार

उपचार कोई जीवन-शैली, ब्रांड, या व्यक्तित्व नहीं है।
वह तब घटित होता है–जब प्रदर्शन समाप्त हो जाता है।

भाग दो

सर्कस से बाहर निकलना

उन लोगों के लिए एक जीवित-रहने की मार्गदर्शिका, जो अनजाने में ऐसे धर्म में शामिल हो गए–जो स्मूदी, श्वास-अभ्यास, और सुंदर अक्षर-शैलियों से बना है।

वायुरुद्ध द्वार

सर्कस से कैसे निकलें–बिना किसी नए सर्कस में शामिल हुए

बधाई।

यदि आप यह पढ़ रहे हैं, तो आपका मस्तिष्क भाग एक से बच निकला है–

बिना:

- श्वास-प्रमाणपत्र खरीदे
- परजीवी-शुद्धि मँगवाए
- यह माने कि आपकी कोहनी में विश्वासघात संग्रहित है
- अपनी आभा से क्षमा माँगे

यह प्रगति है।

पर अब आता है असली जाल:

लोग पंथ नहीं छोड़ते–वे उनका पुनर्ब्रांडिन करते हैं।
वे सर्कस नहीं छोड़ते–वे तंबू बदल लेते हैं।

वे क्रिस्टल छोड़ते हैं और स्थिरता-सूक्तियाँ उठा लेते हैं।
वे चंद्र-अनुष्ठान छोड़ते हैं और ठंडे जल के प्रचारक बन जाते हैं।

हवा में जीने की आदत

वे प्रकटिकरण त्यागते हैं और उत्पादकता-पंथ में प्रवेश कर जाते हैं।

वे घास नहीं छूते–वे मिट्टी का व्यापार करते हैं।

भ्रम से निकलना, वास्तविकता में प्रवेश करना नहीं है।

बीच में एक खाली जगह होती है–उत्सर्जन-काल–जहाँ पहचान घुलती है और मस्तिष्क घबराता है।

यहीं पुनरावृत्ति होती है।

इसलिए पुनर्निर्माण से पहले, शुद्धिकरण।

आइए शुरू करें।

हवा में जीने की आदत

चरण 1

भाषा-पुनर्वास

जादूगर-भाषा छोड़कर मनुष्य-भाषा कैसे बोलें

(शब्द ही वह रास्ता हैं जिनसे सर्कस आपके मस्तिष्क में जीवित रहता है)

ब्रह्मांडीय कविता को साधारण वाक्यों से बदलिए।

कल्याण-जादूटोना → अनुवाद

"मैं एक सीमा को समाहित कर रहा हूँ" → मुझे यह नहीं करना है
"मेरा आघात सक्रिय हो गया" → मैं परेशान हो गया
"मुझे अपने तंत्रिका-तंत्र को संतुलित करने के लिए स्थान चाहिए" → मुझे अकेला छोड़ दो
"मैं ऊर्जात्मक रूप से अनुपलब्ध हूँ" → मुझे तुम पसंद नहीं हो
"मैं समृद्धि प्रकट कर रहा हूँ" → मैंने अभी काम शुरू नहीं किया
"मैं नए रूप में क्वांटम छलाँग लगा रहा हूँ" → मैं कल्पना कर रहा हूँ

एक वाक्य चुभता है।
दूसरा काम करता है।

हवा में जीने की आदत

यदि चमक हटते ही कोई वाक्य मर जाए, तो वह सत्य नहीं था–वह सजावट था।

बहत्तर-घंटे की भाषा-परीक्षा

तीन दिन तक, स्तनपायी की तरह बोलिए:

- “आवृत्ति” नहीं
- “संरेखण” नहीं
- “आघात-बंधन” नहीं
- “आंतरिक बाल” नहीं
- “सक्रियण” नहीं
- “ऊर्जात्मक सीमाएँ” नहीं
- “ध्रुवता” नहीं
- “प्रकटिकरण” नहीं

क्रियाओं का प्रयोग कीजिए।

अपने मस्तिष्क को घबराते देखिए।

अच्छा।
यही शुद्धिकरण है।

यदि शब्दावली खोते ही आपका जीवन ढह जाए, तो आपके पास कोई स्व नहीं था–आपके पास एक पटकथा थी।

आपका ब्रह्मांड अवरुद्ध नहीं है।
आपकी क्रियाएँ हैं।

चरण 2

उच्च पुरोहितों को अनुसरण-सूची से हटाइए

(वह सामाजिक-माध्यम भूत-भगाना जिसकी आपको ज़रूरत है—और आप जानते हैं)

यदि पंथ के पास अब भी आपका वाई-फ़ाई पासवर्ड है, तो आप पंथ छोड़ नहीं सकते।

प्रतिविष

आप लोगों को नहीं हटा रहे।
आप पहुँच हटा रहे हैं।

उनसे शुरू करें जो:

- उपचार को पहचान की तरह बेचते हैं
- "सक्रियण", "कोड", या "सार्वभौमिक" जैसे शब्दों का प्रयोग करते हैं
- पीड़ा को नियति में बदल देते हैं
- बिना प्रयास के परिणाम का वादा करते हैं
- इसलिए गूढ़ लगते हैं क्योंकि उन्होंने कुछ कहा ही नहीं

इसके बाद उन खातों को हटाइए जो आपको ऐसा महसूस कराते हैं:

- पीछे रह गए
- टूटे हुए

हवा में जीने की आदत

- किसी आध्यात्मिक दौड़ में देर से पहुँचे
- मानो आपकी मानवता को उन्नयन चाहिए

फिर हटाइए चलते-फिरते विज्ञापनों को:

जिनका संदेश बस यह है:
"मैंने खुद को ठीक किया—अब आप भी चार-चार-चार देकर कर सकते हैं।"

यदि किसी संगोष्ठी का नाम है
"अपने अजगर-मेरुदंड को जाग्रत कीजिए",
तो बधाई—आपने सक्रिय भर्ती वाला पंथ ढूँढ लिया है।

यदि किसी को अनुसरण-सूची से हटाते समय अपराध-बोध हो, तो वे आपको प्रेरित नहीं कर रहे थे—वे आपके तंत्रिका-तंत्र में किराए पर जगह ले रहे थे।

बहत्तर-घंटे का सामाजिक उपवास

अगले तीन दिनों के लिए:

1. दस खातों को अनुसरण-सूची से हटाइए
2. दस को मौन पर रखिए
3. एक को अवरुद्ध कीजिए—जिसे आप चुपके से पूजते थे

खुजली महसूस हो रही है?

हवा में जीने की आदत

वह अंतर्ज्ञान नहीं है।
वह निर्भरता-लक्षण है।

आप ज्ञान नहीं खो रहे।
आप हानिकारक सॉफ़्टवेयर हटा रहे हैं।

पंचलाइन

आप स्पष्ट नहीं सोच सकते, जब तक आप अपना दृष्टिकोण, शब्दावली, और आत्म-मूल्य रिंग-लाइट वाले अजनबियों को सौंपे बैठे हैं।

आपकी समस्या जागरण की कमी नहीं है।
आपके पास भविष्यवक्ताओं की अधिकता है।

फ़ीड बंद कीजिए।
स्व को वापस लीजिए।

सर्कस उसी क्षण मर जाता है
जब आप दर्शक बनना बंद कर देते हैं।

चरण 3

बिना अनुष्ठान किए विषहरण

(उपचार को ऐसे निभाना बंद करें जैसे वह भावनात्मक ब्रॉडवे हो)

यहीं अधिकांश लोग फिसलते हैं।

वे ज्योतिष छोड़ते हैं
और तुरंत शामिल हो जाते हैं:

- अव्यवस्था-हटाने वाले पंथ
- ठंडे जल की टुकड़ियाँ
- मशरूम-चाय मठ
- भोर-चार-बजे की उत्पादकता-धर्मशालाएँ

बधाई।
आप ठीक नहीं हुए।
आपने अपनी न्यूरोसिस का पुनर्ब्रांडन किया।

लक्ष्य बेहतर अनुष्ठान नहीं है।
लक्ष्य है–कोई वेश-भूषा नहीं।

प्रतिविष

सात दिनों तक, अकल्पनीय काम कीजिए:

कोई अनुष्ठान नहीं।
कोई अभ्यास नहीं।

हवा में जीने की आदत

कोई प्रदर्शन नहीं।

न:

- धूप
- सुगंधित लकड़ी
- पत्तों की खींच-तान
- श्वास-यात्राएँ
- चंद्र-निर्देश
- लेखन-संकेत
- आभा-रखरखाव
- क्रिस्टल जाल
- तंत्रिका-तंत्र प्रयोगशालाएँ
- "शरीर खोलना"
- कुछ भी जिसे सहारा, वेदी, ध्वनि-सूची, या व्यक्तित्व चाहिए

आपको जीवन सुधारने से नहीं रोका गया है।
आपको उसे सजाने से रोका गया है।

इस सप्ताह आपका मंत्र:

"यह विकास है–या साज-सामान?"

यदि नाट्य चाहिए, तो वह उपचार नहीं है–वह मंच-सज्जा है।

वास्तविक परिवर्तन कैसा दिखता है

वह है:

- ई-पत्र का उत्तर देना

हवा में जीने की आदत

- समय लेना तय करना
- एक मुद्रा बचाना
- कार्य पूरा करना
- आदत दोहराना
- एक असुविधाजनक बातचीत करना

ये अनुष्ठान नहीं हैं।
ये वास्तविकता हैं–और वास्तविकता को अगरबत्ती नहीं चाहिए।

पंचलाइन

यदि आपके सहारे खोते ही आपकी आध्यात्मिकता मर जाए,

तो वह आध्यात्मिकता नहीं थी–वह भावनाओं के साथ सजावटी बाज़ार था।

उपचार चंद्रमाओं के नीचे नहीं होता।
वह नलिका-प्रकाश के नीचे होता है।

कोई वेश-भूषा नहीं।
कोई नृत्य-क्रम नहीं।
कोई दर्शक नहीं।

सिर्फ़ जीवन–अंततः जिया हुआ, न कि प्रदर्शित।

हवा में जीने की आदत

चरण 4

साज-सामान का दफ़्न

यदि किसी चीज़ को काम करने के लिए चाँदनी चाहिए,
तो वह आपकी मदद नहीं कर रही।

यहीं व्यंग्य रूपक होना छोड़ देता है और हाथ से किया जाने वाला काम बन जाता है।

अब तक शुद्धिकरण डिजिटल था:

- गुरुओं को अनुसरण-सूची से हटाना
- मनुष्य की तरह बोलना
- अनुष्ठानों को विराम देना

प्यारा था।

अब हम उस दराज़ का सामना करते हैं–बंधक दराज़–वस्तुओं का मंदिर, जो आपने जीवन बदलने के बजाय खरीदी थीं: पत्थर, आभा-छिड़काव, चंद्र-दैनंदिनी, चक्र-काँटे, अनुष्ठानी पंख, ऐसी दीपक-रोशनियाँ जो भूगर्भीय गाँठ जैसी दिखती हैं, और वह महँगी योग-चटाई जिसका उपयोग तब से नहीं हुआ जब आपने "संकल्प" खोजे थे।

समय आ गया है।

न जमा करने का।
न आशीर्वाद देने का।

दफ़्न करने का।

दफ़्न-क्रिया

भावनात्मक कथा वाली एक वस्तु चुनिए:

- वह पत्थर जिसने "आपको चुना"
- इच्छाओं से भरी वह दैनंदिनी, निर्णयों से नहीं
- वह पत्तों का पत्ता-समूह, जिसे आपने सोचने के बजाय पूछा
- वह मोमबत्ती, जिसे आपने बुरे हफ्तों के लिए दोष दिया
- वह नमक-दीपक, जिसे आपने ढाँचागत सुविधा समझ लिया

बाहर जाइए।
एक गड्ढा खोदिए।
वस्तु रखिए।
मिट्टी डालिए।

कोई जप नहीं।

कोई कृतज्ञता नहीं।
"समापन" पर कोई सार्वजनिक टिप्पणी नहीं।

मौन ही निकास है।

न करें

- दान न करें (यह आध्यात्मिक परोक्ष-धुआँ है)
- पुनःप्रयोग न करें
- सजावट न बनाएँ
- "कभी काम आए" के लिए न रखें

हवा में जीने की आदत

यदि आप पोशाक रखते हैं, तो पात्र बना रहता है।

पंचलाइन

आपको ज़रूरत नहीं है:

- ज़मीन से जुड़े होने के लिए चटाई की
- मज़बूत होने के लिए पत्थर की
- शुद्ध होने के लिए ज्वाला की
- मार्गदर्शन के लिए पत्तों की
- अनुमति के लिए चंद्रमा की

आपको ज़रूरत है–**कर्तृत्व की।**

बाक़ी सब साज-सामान था।

पोशाक दफ़्न कीजिए।
अभिनेता वापस लीजिए।

हवा में जीने की आदत

चरण 5

पहचान-उत्खनन

पोशाक उतरने पर आप कौन हैं?

आपने दफ़्न झेल लिए।
अब आता है अंतिम शत्रु:
उस पात्र को छोड़ना,
जिसे आपने स्व समझ लिया था।

यह रहा परम सत्य:
अधिकांश लोग कल्याण में शामिल नहीं हुए।
वे उस भूमिका में शामिल हुए जो हमेशा "बनते रहने" की कहानी सुनाती है।

वाक्य जो पूरे विश्वास-तंत्र का अंत करता है:
"मुझे अपना विचार बदलने की अनुमति है।"

आप यह नहीं हैं:

- आपका आघात-वृत्तांत
- आपकी लगाव-शैली
- आपका चंद्र-चरण
- आपके तंत्रिका-तंत्र की स्थिति
- आपका "उद्देश्य"

हवा में जीने की आदत

- आपके पूर्व संबंध की कथा
- आपका प्रिय निदान-चिह्न

आप वह व्यक्ति हैं जिसने बेतुकापन सीखा—और अब बेहतर सीख रहा है।

पहचान काँच का पात्र नहीं है।
वह एक दरवाज़ा है।

बाहर चलिए।

उत्खनन-अभ्यास

उत्तर दीजिए: **आप कौन हैं?**

आप इन शब्दों का उपयोग नहीं कर सकते:

- उपचार
- समेकन
- संक्रमण
- धारण करना
- प्रकट करना
- संरेखण
- विस्तार
- जागरण

यदि आपके उत्तर को दीवार-सज्जा वाले क्रियापद चाहिए, तो आपके पास स्व नहीं—आपके पास ब्रांडिंग है।

फिर कोशिश कीजिए।

हवा में जीने की आदत

कट

यह लिखिए:

"मेरा जीवन तब भी महत्त्व रखता है, जब कोई नहीं जानता कि मैं किस पर काम कर रहा हूँ।"

यदि आप फड़के, घबराए, या मन ही मन कोई स्पष्टीकरण जोड़ दिया–तो आप जी नहीं रहे थे।
आप वर्णन कर रहे थे।

कसौटी

धीरे पढ़िए:

यदि प्रदर्शन रुकते ही आपकी पहचान ढह जाए, तो आपके पास पहचान नहीं थी–आपके पास एक भूमिका थी।

भूमिकाओं को तालियाँ चाहिए।
स्व को हवा चाहिए।

पुनर्निर्माण

तीन वाक्य।
कोई जादुई शब्द नहीं:

मुझे _______ पसंद है।

मुझे _______ की परवाह है।

मैं _______ सीख रहा/रही हूँ।

हवा में जीने की आदत

कोई चक्र नहीं।
कोई आदर्श-रूप नहीं।
कोई नियति नहीं।

सिर्फ़ आप–बिना आभूषण।

पंचलाइन

सावधानी से चुने गए "बनते रहने" के इस युग में सबसे विद्रोही चीज़ क्या है?

एक ऐसा व्यक्ति जिसके पास कोई कथानक नहीं।

न ब्रांड।
न यात्रा।
न आदर्श-रूप।

बस कोई जो:

- उपस्थित होता है
- सच कहता है
- उबाऊ काम करता है
- बिना दर्शकों के वास्तविक महसूस करता है

आप कहानी नहीं हैं।
आप कथावाचक हैं।

वापसी पर स्वागत है।

हवा में जीने की आदत

चरण 6

आपकी पहली वास्तविक स्वतंत्रता

जिस क्षण आप अपने अगले कदम को आध्यात्मिक बनाना बंद करते हैं, उसी क्षण आपका जीवन शुरू होता है।

कल्याण-संस्कृति ने कर्म को अनुष्ठान बना दिया है:

- भोजन के लिए चंद्र-चरण चाहिए
- ईमेल के लिए भावनात्मक संरेखण
- सीमाओं के लिए पटकथा
- निर्णयों के लिए शकुन
- विश्राम के लिए उपकरण

यह वह सत्य है जिसे कोई गुरु बेच नहीं सकता:
जीवन को तैयारी नहीं चाहिए।
उसे सहभागिता चाहिए।

आप क्षण की तैयारी से नहीं चंगे होते।
आप उसमें प्रवेश करके चंगे होते हैं।

स्वतंत्रता की चाल

एक उबाऊ वयस्क काम चुनिए–और अपने मस्तिष्क के बहाने गढ़ने से पहले उसे कर दीजिए:

- साधारण भोजन कीजिए, "पोषण-स्वराज" नहीं
- ईमेल का उत्तर दीजिए, उसकी ऊर्जा का अर्थ नहीं

हवा में जीने की आदत

निकालिए

- निमंत्रण ठुकराइए, कोई शोध-प्रबंध नहीं
- सच कहिए, बिना चक्र-तैयारी
- सो जाइए, बिना सर्केडियन विश्लेषण

ये काम नहीं हैं।
ये हथियार हैं।

हर पूरा किया गया कर्म वास्तविकता के पक्ष में एक मत है।

यह आपकी पहचान के साथ क्या करता है

कल्पना-स्व गल जाता है।

प्रदर्शनकारी-स्व मर जाता है।

एक सक्षम मनुष्य प्रकट होता है—चुपचाप—मानो वह हमेशा वहीं था, आपके ऑडिशन बंद करने का इंतज़ार करता हुआ।

आपको समापन, उन्मोचन, या ब्रह्मांडीय अनुमति नहीं चाहिए। आपको इस बात का प्रमाण चाहिए कि आप अपने विचारों के बाहर भी मौजूद हैं।

कसौटी

पूछिए:

"यह कठिन इसलिए है क्योंकि यह महत्त्व रखता है—या
'अर्थपूर्ण' इसलिए लग रहा है क्योंकि मैं इससे बच रहा हूँ?"

पहला आपको बढ़ाता है।
दूसरा आपको पिंजरे में रखता है।

हवा में जीने की आदत

निष्कर्ष

आपको संकेतों की ज़रूरत नहीं है।
आपको गति की ज़रूरत है।

भाग द्वितीय समाप्त

आप चंगे नहीं हुए।
आप प्रबुद्ध नहीं हुए।
आप पुनर्जन्मित नहीं हुए।

आप उपस्थित हैं–आख़िरकार प्रदर्शन से मुक्त।

भाग तृतीय सलाह नहीं है।
वह **वापसी** है।

भाग तृतीय

वास्तविकता को छूना

वे उबाऊ बातें जो सचमुच काम करती हैं

बिना क्रिस्टल, बिना चार्ट, और बिना बाज़
बनकर उड़ने का नाटक किए–
अपने जीवन को ठीक करने की विधि।

आरंभ

एकमात्र अध्याय जो वायरल नहीं होगा

अब तक आप आधुनिक "प्रबोधन" की पूरी मंडली से मिल चुके हैं–प्रशिक्षक, उपचारक, मानसिकता-इंजीनियर, और वे तकनीशियन जो "तरंगों" की मरम्मत करते हैं–और ज़िम्मेदारी के बिना परिवर्तन बेचते हैं।

हर कोई उन्नयन बेच रहा है; लगभग कोई भी कर्म की माँग नहीं कर रहा।

यह अध्याय किसी को ब्रांड बनाने में मदद नहीं करेगा। यह चलन में नहीं आएगा। यह किसी हल्के रंग के उद्धरण-डिब्बे में चमकेगा नहीं। और यही कारण है कि यह महत्त्व रखता है।

वास्तविक बदलाव उबाऊ होता है। रहस्यमय नहीं। चलचित्र जैसा नहीं।

वह ऐसा दिखता है–कि आप अंततः वह कर देते हैं, जिसके बारे में आप अब तक नाटक करते रहे कि उसे "और तैयारी" चाहिए। उसे चिह्न नहीं चाहिए, जप नहीं चाहिए, आकाशीय चक्र नहीं चाहिए, और न ही कोई पुनर्नामित व्यक्तित्व। वह ऐसा दिखता है, जो सार्वजनिक प्रदर्शन के लिए बहुत ही गैर-आकर्षक है:

"मैंने घर के एक कोने को साफ़ किया और उस ई-पत्र का

उत्तर दिया जिसे मैं तीन महीनों से अनदेखा कर रहा था।"

अधिकांश लोग यह स्वीकार करने से बेहतर समझते हैं कि यह ही प्रगति है–वे किसी "पुनर्जन्म" की घोषणा कर दें।

उस एक वाक्य में प्रेरणा-उद्योग के आधे शोर से अधिक बल है। आपका जीवन तब नहीं बदलता जब आप नई कहानी अपनाते हैं; वह तब बदलता है जब आप किसी शर्मनाक-सी छोटी चीज़ को पूरा करके दिखाते हैं।

मंच नाटक, पहचान, और मिथक बेच सकते हैं।

वे इसका व्यापार नहीं कर सकते:

- किसी का फ़ोन लौटाना
- जिस समय का वादा किया था, उसी समय पहुँचना
- ऐसा खाना, मानो आपका शरीर सचमुच महत्त्व रखता हो
- सच कहना
- जो वचन दिया था, उसे पूरा करना

दुनिया प्रदर्शन को पुरस्कृत करती है; केवल वास्तविकता पूर्णता को पुरस्कृत करती है।

ये काम तालियाँ नहीं खींचते। ये परिणाम पैदा करते हैं। यदि वयस्कता का कोई अंक-पट्ट होता, तो वह "गहरे क्षण" नहीं गिनता–वह पूरे किए गए काम गिनता।

स्व-सहायता जगत रहस्य पर टिका रहता है, एक कारण से: जब तक आप भीतर के संकेतों की व्याख्या करते रहते हैं, आपको ऐसा कुछ नहीं करना पड़ता जो मापा जा सके, और

जो सचमुच बदलाव का निशान छोड़ दे।

आपका जीवन उसी क्षण बेहतर होता है जब आप वयस्क की तरह व्यवहार करते हैं–और उसी क्षण इस उद्योग का उद्देश्य कम होने लगता है।

उबाऊ क्रांति में आपका स्वागत है:

- कोई नारे नहीं
- कोई सौंदर्य-शास्त्र नहीं
- कोई शिविर नहीं
- कोई गुप्त भाषा नहीं

प्रदर्शन-संस्कृति में सबसे विध्वंसक काम है–बिना दर्शकों के ज़िम्मेदारी।

बस विवेक–बार-बार।

निरंतरता बाहर से नीरस लगती है, और भीतर से भयावह रूप से प्रभावी।

यहीं मज़ाक फीके पड़ते हैं, साज-सामान गायब होता है, और अभिनय समाप्त होता है। जो बचता है, वह असहज है:

आपको कोई रोक नहीं रहा था–सिवाय इसके कि आप अपनी अटकी हुई स्थिति के लिए कोई अधिक नाटकीय कारण पसंद करते थे।

सावधानी से भीतर आइए।

यहीं भ्रम मरते हैं और काम शुरू होता है–जहाँ आप खोजते हैं कि आपमें जादू की कमी कभी थी ही नहीं;

कमी थी–अनुशासन की।

अंक I

आधार

दलदल पर इमारत नहीं खड़ी होती।

ये पहले तीन सिद्धांत उस ज़मीन को
जमाते हैं–वह बेढंगी, गैर-आकर्षक

बुनियाद, जिसके बिना आगे की कोई
भी मंज़िल खड़ी नहीं रहती।

कोई भी नींव की तस्वीर नहीं खींचता।

इसीलिए वही टिकती है।

हवा में जीने की आदत

सिद्धांत 1

स्टीयरिंग अपने हाथ में लो

ज़िम्मेदारी अपराधबोध नहीं है।
न शर्म।
न कोई ब्रह्मांडीय कविता।

ज़िम्मेदारी का मतलब है–मालिकाना हक़।

अगला क़दम तुम्हारा है।

जो तुम्हारे साथ हुआ, उसके लिए तुम ज़िम्मेदार नहीं हो।

अब आगे क्या होगा–उसके लिए तुम ज़िम्मेदार हो।

यह वाक्य तुम्हारी ज़िंदगी से दर्शक हटा देता है।
यह इसलिए भारी लगता है क्योंकि बहाने ख़त्म हो जाते हैं।
और इसलिए मुक्त करता है क्योंकि नियंत्रण तुम्हारे हाथ में आ जाता है।

अधिकांश दुख एक ही विश्वास से पैदा होता है:

कोई और इसे ठीक करेगा।

कोई और माफ़ी माँगेगा।
कोई और समझेगा।
कोई और पहले बढ़ेगा।
कोई और विकास को बिना दर्द का बना देगा।

कोई नहीं आ रहा।

हवा में जीने की आदत

यहीं से वयस्कता शुरू होती है।

जब तुम बचाव की उम्मीद छोड़ते हो,
तो प्रतीक्षा बंद होती है और निर्माण शुरू होता है।
हथौड़ा तुम उठाते हो–क्योंकि और कोई नहीं उठाएगा।

ज़िम्मेदारी का असली अर्थ

- तुमने समस्या नहीं चुनी।
- तुम इसके हक़दार नहीं थे।
- लेकिन अब यह तुम्हारे हाथ में है।

मालिकाना हक़ आगे की ओर देखता है।
दोषारोपण तुम्हें घटना-स्थल पर खड़ा रखता है।

पहला अभ्यास

पूछो:
मेरे नियंत्रण में वास्तव में क्या है?

उत्तर बिना रूपक के लिखो।

फिर एक काम चुनो:

- फ़ोन करो
- माफ़ी माँगो
- मदद माँगो
- समय तय करो
- एक कोना साफ़ करो

हवा में जीने की आदत

- थोड़ी देर टहल लो
- बहस बंद करो
- ई-मेल भेजो
- अपनी ज़िंदगी के एक वर्ग-इंच की ज़िम्मेदारी लो

तुम्हें योजना नहीं चाहिए।
तुम्हें गति चाहिए।

सत्ता हाथ की पहुँच से शुरू होती है।

रहस्य

ज़िम्मेदारी बोझ नहीं है।
वह लीवर है।

जब तुम समस्याओं को भाग्य या स्मृति के हवाले करना बंद करते हो, तो तुम अनुमानित रहना बंद कर देते हो।

असहायता उसी क्षण मर जाती है, जब तुम यह स्वीकार करते हो:

तुम्हारी ज़िंदगी उसी पल बदलती है जब तुम किसी और के शुरू करने का इंतज़ार छोड़ देते हो।

हवा में जीने की आदत

सिद्धांत 2

छोटी, बदसूरत, और बिल्कुल अप्रभावशाली आदतें बनाओ

वे आदतें जिन्हें प्रभावक देख ही न सकें–और जिनसे तुम्हारी ज़िंदगी इनकार न कर सके।

हर कोई परिवर्तन चाहता है।
लगभग कोई भी मंगलवार नहीं चाहता।

लोग पुनर्जन्म के पीछे भागते हैं, जागरण, पहचान-उन्नयन–हर वह चीज़, सिवाय उस एक सूत्र के जिसने हमेशा काम किया है:

कुछ छोटा करो।
कल फिर करो।
इतना दोहराओ कि उबाऊ हो जाए।

परिवर्तन नाटकीय होता है।
आदतें अपमानजनक होती हैं।

परिवर्तन को तालियाँ मिलती हैं।
आदतों को परिणाम।

दुनिया शुरुआतों की पूजा करती है:

- "मैं खुद को फिर से गढ़ रहा हूँ।"

हवा में जीने की आदत

- "नया दौर।"
- "सोमवार के बाद।"
- "शिविर के बाद।"

शुरुआत सस्ती होती है।
निरंतरता का किराया होता है।

प्रभावक आतिशबाज़ी बेचते हैं;
वास्तविक बदलाव फुसफुसाता है–छोटे काम हर बार बड़े ऐलानों को हरा देते हैं।

शर्मनाक-सी छोटी कसौटी

तुम्हारी आदत इतनी छोटी होनी चाहिए कि मूर्खतापूर्ण लगे।

अगर वह वीरतापूर्ण लगे–वह मर जाएगी।
अगर वह दिखाने लायक लगे–वह पहले ही मर चुकी है।
अगर वह तुम्हें थोड़ा शर्मिंदा करे–तुम पास हो।

ऐसे उदाहरण जो कुछ भी नहीं लगते, और चुपचाप हर बहाना हटा देते हैं:

- 1 पुश-अप
- 1 पृष्ठ पढ़ना
- 1 गिलास पानी
- 3 वाक्य लिखना
- 5 मिनट चलना
- 20 सेकंड खिंचाव

- एक लंबित ई-मेल भेजना
- एक वस्तु अपनी जगह रखना

ये आदतें असफल होने के लिए बहुत छोटी हैं और अहंकार के नाटक के लिए बहुत नीरस।

बदलाव गरज से शुरू नहीं होता।
वह एक चिंगारी से शुरू होता है।

दस-मिनट नियम

अगर कोई काम दस मिनट में होता है और जीवन बेहतर बनाता है, तो उसे टाला नहीं जा सकता।

कोई पुष्टि-वाक्य नहीं।
कोई ब्रह्मांडीय समय नहीं।
कोई "जब मन बनेगा तब" नहीं।

दस मिनट प्रतिरोध से नीचे होते हैं।

ये काम करो:

- एक जगह सहेजो
- कल की योजना बनाओ
- बाहर टहलो
- पीठ फैलाओ
- खाना पकाओ
- इंसान की तरह साँस लो
- बिना घोषणा किए चुप बैठो

हवा में जीने की आदत

नई ज़िंदगी चाहिए?

मौजूदा ज़िंदगी के दस मिनट बदलो–रोज़।

उबाऊ आदतों का सच

लोग छोटी आदतों से इसलिए बचते हैं
क्योंकि वे एक असहज सच उजागर करती हैं:

बदलाव कभी असंभव नहीं था–बस असुविधाजनक था।

किसी से कहो "एक पुश-अप से शुरू करो"

तो उसे गुस्सा आता है–कठिन होने के कारण नहीं, बल्कि

इसलिए कि यह नाटकीय रूपांतरण की कल्पना तोड़ देता है।

वे प्रगति नहीं चाहते।
वे तालियाँ चाहते हैं।

स्व-सहायता पहचान-परिवर्तन बेचती है क्योंकि ईमानदार रास्ता–

छोटा शुरू करो और जारी रखो–प्रदर्शन के लिए बहुत

साधारण है।

लेकिन साधारण काम करता है।
उबाऊ काम करता है।

"नया तुम" भूलो।

"कम हास्यास्पद तुम"–रोज़ दोहराया हुआ–आजमाओ।

श्रृंखला > भावना

तुम्हें प्रेरणा नहीं चाहिए।
तुम्हें एक श्रृंखला चाहिए।

हवा में जीने की आदत

प्रेरणा मौसम है–चंचल, भावनात्मक।

श्रृंखला जलवायु है–अनुमेय, उबाऊ।

हर दिन कुछ छोटा करो–ज़रूरत पड़े तो खराब ढंग से–और दिमाग़ सौदेबाज़ी बंद कर देता है।
आख़िरकार जारी रखना छोड़ने से आसान हो जाता है।

तुम्हारी ज़िंदगी उन कामों से बनती है जो तुम भावनाओं से अनुमति लिए बिना करते हो।

संभावना-पूजा बंद करो

आधुनिक संस्कृति ने ज़िम्मेदारी की जगह संभावना रख दी है। कुछ बनना नहीं–बस मान लो कि बन सकते हो।

संभावना नई पहचान है।

- "मैं किताब लिख सकता हूँ।"
- "मैं कारोबार शुरू कर सकता हूँ।"
- "मैं ठीक हो सकता हूँ।"

संभावना बिना कुछ किए श्रेष्ठ महसूस कराती है।
मस्तिष्क कल्पित सफलता को ऐसे पुरस्कृत करता है मानो तुमने उसे अर्जित किया हो–इसीलिए लोग प्रगति से ज़्यादा कल्पना चुनते हैं।

निर्णय करो:

जो काम तुम "कर सकते हो", क्या तुम करोगे?

हवा में जीने की आदत

अगर नहीं–तो बोलना बंद करो।

अगर हाँ–तो उसे खराब ढंग से, और खुले में करो।

संभावना एक पोशाक है।
प्रगति प्रमाण है।

हवा में जीने की आदत

सिद्धांत 3

अपने इनपुट सुधारो

कचरा डालकर स्पष्टता की उम्मीद मत करो।
स्थिरता, ताक़त, और मानसिक संतुलन चाहिए?

तो अपने तंत्रिका-तंत्र को कूड़ाघर की तरह इस्तेमाल करना बंद करो।

तुम्हें ज्ञानोदय नहीं चाहिए।
तुम्हें बेहतर सामग्री चाहिए।

भोजन

अपने अंगों से सौदेबाज़ी करते हुए खाना बंद करो।

तुम्हें कोई सिद्धांत नहीं चाहिए, कोई क़बीला नहीं, कोई खाद्य-पहचान नहीं।

बस ऐसा कुछ खाओ जो भोजन जैसा दिखे–किसी कृत्रिम प्रयोग जैसा नहीं।

ठोस अभ्यास:
दिन में एक वास्तविक भोजन।

न परिपूर्ण।
न आध्यात्मिक।
बस ऐसा, जिसे बिजली से पहले जीने वाला कोई इंसान

पहचान सके।

तुम्हारा दिमाग़ जीवविज्ञान है, कोई मिथक नहीं।

उसे ऐसे पोषण दो जैसे कुछ असली उस पर निर्भर हो–
क्योंकि है।

सूचना

तुम्हारा तंत्रिका-तंत्र इसलिए नहीं थका कि जीवन कठिन है।
वह इसलिए थका है क्योंकि तुम संकट को मनोरंजन की तरह खपत करते हो।

तुम इसे चिंता कहते हो।
यह इनपुट-विषाक्तता है।

अब तुम्हारा दिमाग़ चुप्पी को ख़तरा समझता है।
स्थिरता संदेहास्पद लगती है।
ऊब परित्याग जैसी लगती है।

इसलिए तुम बचते हो:

- बिना उत्तेजना वाले स्थानों से
- बिना नवीनता वाले कामों से
- बिना आतिशबाज़ी वाले लोगों से
- बिना तालियों वाले प्रयास से

जब कुछ भी पर्याप्त अर्थपूर्ण नहीं लगता, तो तुम वहाँ उद्देश्य ढूँढते हो जहाँ वह है ही नहीं।

ऊब वही जगह है जहाँ पहचान बनती है।

हवा में जीने की आदत

ऊब के बिना दिमाग़ अनुभव को आत्मसात नहीं करता–
वह बस उसे स्क्रॉल करके आगे बढ़ जाता है और खालीपन को भ्रम कह देता है।

ठोस अभ्यास:

दिन में एक घंटा–शून्य इनपुट।

कोई फ़ोन नहीं।
कोई शोर नहीं।
कोई दर्शक नहीं।

जानबूझकर ऊब पैदा करो।
वहीं रुको, जब तक दिमाग़ भागने की माँग बंद न कर दे।

स्पष्टता तभी आती है
जब तंत्रिका-तंत्र चीखना बंद करता है।

तुम्हारा दिमाग़ चुप्पी को वैसे ही साँस लेता है जैसे फेफड़े हवा को।

जिस जीवन की तुम्हें चाह है, वह उस काम के पीछे छिपा है जिसे तुम्हारा अहंकार अपने से नीचे समझता है।

फ़ॉन्टों को सोचने का काम सौंपना बंद करो

उद्धरणों के चित्र लेना सोचना नहीं है।
वाक्यों को स्मृति-चिह्नों की तरह इकट्ठा करना बुद्धि नहीं है।

उद्धरण प्रेरणा है–बिना ढाँचे के।

हवा में जीने की आदत

पर्दे असुरक्षा भरते हैं।
पुस्तकें पहचान बनाती हैं।

अगर तुम किसी विचार से एक पंक्ति से ज़्यादा देर नहीं जूझ सकते, तो तुम सीख नहीं रहे– तुम सजावट कर रहे हो।

पर्यावरण

तुम्हारा घर अस्त-व्यस्त नहीं है।
वह शासित नहीं है।

तुम्हारा तंत्रिका-तंत्र टिक नहीं पाता क्योंकि जहाँ भी टिकता है, वहाँ ढहने का ख़तरा होता है।

तुम्हें जीवन-पलटाव नहीं चाहिए–तुम्हें एक सभ्य सतह चाहिए।

ठोस अभ्यास:

एक जगह चुनो–मेज़, बिस्तर-किनारा, रसोई-पट–और उसे क्रम में रखो।

शत्रुतापूर्ण कमरा शत्रुतापूर्ण मन पैदा करता है।

एक साफ़ कोना पैर रखने की जगह बन जाता है।

तुम्हारा दिमाग़ बदलाव को तुम्हारे स्वीकार करने से पहले नोटिस करता है।

निष्कर्ष

तुम्हारा जीवन न अभिशप्त है, न रुका हुआ, न किसी नियति ने बंद किया है।

वह प्रतिक्रिया दे रहा है:

हवा में जीने की आदत

- उस ईंधन पर जो तुम डालते हो
- उस शोर पर जो तुम खपत करते हो
- उन हालात पर जिन्हें तुम सहन करते हो

तुम्हें जागरण नहीं चाहिए।
तुम्हें बेहतर इनपुट चाहिए।

मानसिक संतुलन उगता है:

- एक वास्तविक भोजन से
- एक शांत घंटे से
- एक साफ़ कोने से

इनपुट परिणाम तय करते हैं–निर्दयता से, चुपचाप, और यह पूछे बिना कि तुम्हें कैसा लगता है।

अंक II

संबंध

तुमने आधार स्थापित कर लिया है।
अब सबसे कठिन काम सामने है–
दूसरे इंसानों से निपटना और सच बोलना।

यहीं ज़्यादातर लोग फिर से ब्रह्मांडीय
नाटक में लौट जाते हैं,
क्योंकि वास्तविकता के साक्षी होते हैं।

वयस्कता में स्वागत है।

हवा में जीने की आदत

सिद्धांत 4

दो-तीन असली इंसानों में निवेश करो, दो-तीन मिलियन छापों में नहीं

तुम्हारे तंत्रिका-तंत्र को अनुयायी नहीं चाहिए।
उसे साक्षी चाहिए।

आधुनिक जीवन ने संबंधों की जगह दर्शकों को बैठा दिया है। और दर्शक कुछ भी उठा नहीं सकते—न तुम्हारा सच, न तुम्हारा डर, न तुम।

हज़ार अजनबियों की ताली
समुदाय नहीं होती।
वह ज़िम्मेदारी के बिना प्रशंसा होती है।

दर्शक तुम्हें प्रदर्शन करते देखते हैं।
समुदाय तुम्हें जवाबदेह बनाता है।

अनुयायी तुम्हारे चमकदार अंश को मान्यता देता है।
मित्र तुम्हारी कल्पना में हस्तक्षेप करता है।

तुम्हें अपनी ज़िंदगी पर और आँखें नहीं चाहिए।
तुम्हें ऐसी ज़िंदगियाँ चाहिए
जो तुम्हारी ज़िंदगी से टकराएँ।

लोग "अपना क़बीला खोजने" की बात करते हैं।

तुम्हारा क़बीला उपयोगकर्ता-नामों से भरा कोई ऑनलाइन

हवा में जीने की आदत

कमरा नहीं है जो तुम्हारे ग़ायब होने पर कुछ नहीं महसूस करता।

तुम्हारा क़बीला वे गिने-चुने लोग हैं जो–

- रात के ग्यारह बजे फ़ोन उठाएँ
- सच बोलें, झूठ सजाएँ नहीं
- तुम्हारी अव्यवस्था जानें, तुम्हारा प्रचार नहीं
- अस्पताल पहुँचें, टिप्पणी-खाने में नहीं

बाक़ी सब परवाह का अभिनय करता हुआ शोर है।

झूठा समुदाय – बड़ा भ्रम

स्व-सहायता संस्कृति अकेलेपन को संबंध की पैकिंग में बेचती है–"सुरक्षित स्थान", "कंटेनर", "उच्च-ऊर्जा मंडल"।

ये समुदाय से वैसे मिलते-जुलते हैं जैसे स्क्रीनसेवर समुद्र से–सुहावने, पर ऑक्सीजन देने में असमर्थ।

लोग अनुयायी इकट्ठा करते हैं क्योंकि अनुयायी टकराते नहीं।

वे तुम्हें चुनौती नहीं देते।
वे तुम्हें उस रूप में नहीं देखते जो सार्वजनिक छवि के लिए अनुकूल नहीं।

असल इंसान ऐसा करते हैं।
इसीलिए वे डरावने लगते हैं–और ज़रूरी होते हैं।

नियम: दो-तीन इंसान। बस।

न दो सौ अनुयायी।

हवा में जीने की आदत

न कोई "मास्टरमाइंड।"
न ब्रांडेड परिवार।

सिर्फ़ दो-तीन लोग जिन्होंने तुम्हारी बिना काट-छाँट वाली ज़िंदगी देखी हो।

ऐसे इंसान जो–

- तुम्हारे गिरने पर दरवाज़ा खोलें
- तुम्हारे अपने झूठ को पुकारें
- असफल होने पर भी तुम्हें माफ़ करें
- तुम्हें पोस्ट नहीं, आँखों में देखें

इसे खरीदा नहीं जाता।
इसे कमाया जाता है–धीरे, अटपटे तरीक़े से, सच के साथ।

ठोस अभ्यास 1 – साप्ताहिक सत्य-संवाद

सप्ताह में एक असली बातचीत।

कोई स्थिति-सूचना नहीं।
कोई व्यक्तिगत ब्रांड नहीं।

सिर्फ़–

- क्या वास्तविक है
- क्या कठिन है
- तुम किससे बच रहे हो
- तुम्हें क्या चाहिए

शुरू में यह दख़ल जैसा लगता है।

समय के साथ यह साँस बन जाता है।

ठोस अभ्यास 2 – महीने में एक असहज, ईमानदार बातचीत

हर कोई किसी न किसी बात से बच रहा है–

- वह माफ़ी जो तुम पर बकाया है
- वह सीमा जिसे तुमने टाल दिया
- वह नाराज़गी जिसे पाला
- वह सच जिसे दफ़ना दिया

एक चुनो।
उसे बोलो।

न नाटकीय ढंग से–सीधे।

ईमानदारी का एक काम दस साल की रस्मों और प्रतीकात्मक उबाल से ज़्यादा सुधार करता है।

यह क्यों काम करता है

तुम्हारा तंत्रिका-तंत्र इन चीज़ों को पहचानता ही नहीं–

- पसंद
- आँकड़े
- दृश्यता

वह पहचानता है–

- एक चेहरा

हवा में जीने की आदत

- एक आवाज़
- नज़दीकी
- कोई यह कहता हुआ: "मैं यहाँ हूँ।"

अनुयायी अहंकार को उत्तेजित करते हैं।
मित्र मानसिक संतुलन को स्थिर करते हैं।

तुम्हें लाखों लोग नहीं चाहिए जो तुम्हारा नाम पहचानें।

तुम्हें कुछ लोग चाहिए जो तुम्हारी अनुपस्थिति नोटिस करें।

सार

हर किसी के द्वारा जाने जाने की कोशिश छोड़ो।
कुछ लोगों द्वारा गहराई से जाने जाओ।

तुम्हारी ज़िंदगी तालियों से नहीं बदलेगी।
वह तब बदलेगी जब किसी ने तुम्हारा सबसे बुरा देखा–
और फिर भी नहीं गया।

दो-तीन इंसान। बस।

इससे ज़्यादा–रंगमंच।

इससे कम–ब्रांडिंग के साथ अकेलापन।

हवा में जीने की आदत

सिद्धांत 5

जानबूझकर कुछ कठिन करो (पर छोटा और सीमित)

तुमने ज़िम्मेदारी ली है (सिद्धांत 1)।
तुमने छोटे अभ्यास बनाए हैं (सिद्धांत 2)।
तुमने अपने इनपुट सुधारे हैं (सिद्धांत 3)।
तुमने असली इंसानों में निवेश किया है (सिद्धांत 4)।

अब वह काम सामने है जिससे तुम बचते रहे हो–वह जिसे तुमने कहानी में इतना उलझा दिया कि उसे छूना ही न पड़े।

असुविधा कोई रहस्य नहीं है।
वह अभ्यास है।

आधुनिक लोग कठिनाई का पीछा तभी करते हैं जब वह प्रदर्शन के रूप में पैक हो:

- बर्फ़-स्नान
- डोपामिन-त्याग
- उपवास-मैरेथॉन
- श्वास-अभ्यास से उपजे दर्शन
- एक जैसे सामान वाले आश्रम

ये कठिन नहीं हैं।

हवा में जीने की आदत

ये पोशाकें हैं–दर्शकों के लिए सजाई गई कठिनाई।

असली कठिन बातें अपमानजनक रूप से साधारण होती हैं:

- समय तय करना
- लिफ़ाफ़ा खोलना
- ई-मेल का उत्तर देना
- एक वास्तविक भोजन पकाना
- उस चीज़ को ठीक करना जिसे रोज़ लांघते हो
- उस कौशल को सीखना जिसे 2019 से टाल रखा है

न कोई संगीत।
न कोई पहचान-उन्नयन।

सिर्फ़ दक्षता–शांत, फ़ोटो के अयोग्य, और भरोसेमंद।

दो तरह की असुविधा

सजावटी असुविधा
तेज़ दिखती है।
गहरी लगती है।
कुछ नहीं बदलती।

तुम काँपते हो, जपते हो, पार जाते हो–और वैसे ही बने रहते हो।

कार्यकारी असुविधा
उबाऊ दिखती है।
चिढ़ पैदा करती है।
सब कुछ बदल देती है।

हवा में जीने की आदत

तुम टाले गए काम को करते हो और अचानक भविष्य हल्का लगने लगता है।

बर्फ़-स्नान तुम्हें भरोसेमंद नहीं बनाता।

श्वास-अभ्यास फ़ोन कॉल वापस नहीं करता।

उपवास फ़ॉर्म नहीं भरता।

वयस्कता का अर्थ है उस असुविधा को चुनना जो साक्ष्य पैदा करे।

यह क्यों काम करता है

टालना चिंता पैदा करता है।
कर्म दक्षता पैदा करता है।
दक्षता शांति पैदा करती है।

तुम्हें आत्मविश्वास नहीं चाहिए।
तुम्हें प्रमाण चाहिए:

- कि तुम ज़िम्मेदारी सह सकते हो
- कि तुम कल्पना नहीं, कर्म से वास्तविकता मोड़ते हो
- कि एक पूरा किया गया काम

हज़ार रस्मों से ज़्यादा रूपांतरकारी है एक साधारण कर्म
पूरे सप्ताहांत के रहस्यमय तमाशे से भारी होता है।

ठोस अभ्यास: साप्ताहिक कठिन-कार्य घंटा

सप्ताह में एक बार, एक घंटा उस काम पर लगाओ

जिसे छूने से तुम सबसे ज़्यादा बचते हो:

हवा में जीने की आदत

- दंत-चिकित्सक
- बीमा का फ़ोन
- काग़ज़ी काम जो तलछट बन चुका है
- डाक का ढेर जिसमें अब कथाएँ और खलनायक हैं

न मनोदशा-जाँच।

न समायोजन।
न मोमबत्तियाँ।

सिर्फ़ साठ मिनट की वयस्कता।

घड़ी ही गुरु है।
बाक़ी सब रंगमंच।

असुविधा ख़तरा नहीं है

लोगों को असुविधा को आघात समझने की आदत डाल दी गई है।
जो भी अप्रिय है, वह नुकसान का प्रमाण मान लिया जाता है।

इसलिए अब वयस्क:

- बात करने की जगह ग़ायब हो जाते हैं
- स्पष्ट करने की जगह उलझते हैं
- सुलझाने की जगह रोकते हैं
- माफ़ी की जगह निदान करते हैं

लेकिन तंत्रिका-तंत्र मांसपेशियों की तरह ही बढ़ता है–
सहनयोग्य दबाव से।

हवा में जीने की आदत

जो चीज़ें जीवन सुधारती हैं, वे शुरू में बुरी लगती हैं।

वह क्षति नहीं है।
वह विकास है।

निष्कर्ष

जो कठिनाई फ़ोटो में अच्छी लगे, उसका पीछा छोड़ो।

उस शांत कठिनाई को चुनो
जो तुम्हें बदल दे।

दक्षता ब्रह्मांडीय नहीं है।
वह अभ्यास से आती है।

और उसकी शुरुआत होती है एक उबाऊ काम से–जो जानबूझकर किया गया हो।

हवा में जीने की आदत

सिद्धांत 6

सच बोलो–ख़ासकर तब, जब उसकी क़ीमत चुकानी पड़े

तुमने टाला गया काम कर लिया है (सिद्धांत 5)।
अब टाला गया वाक्य सामने है।

सच के बिना आध्यात्मिकता
सिर्फ़ पोशाक है।

भाग एक में जो कुछ भी खोला गया–रस्में, आश्रम, चंद्र-चार्ट, डुबकियाँ, ध्वनि-स्नान–उन सबका एक ही काम था:
लोगों को वह कहने से बचाना जो वास्तविक है।

सच ही असली मनोदैहिक अनुभव है।
सच ही असली श्वास-अभ्यास है।
सच ही वह एकमात्र विधि है जो बदलाव पैदा करती है।

और क्रिस्टल या ब्रह्मांडीय शब्दावली के विपरीत, सच शुल्क लेता है।

इसीलिए लोग झूठ बोलते हैं–न नाटकीय ढंग से, बल्कि रोज़मर्रा में:

- आदतों के बारे में
- प्राथमिकताओं के बारे में
- पैसे और समय के बारे में

- संबंधों के बारे में
- स्वास्थ्य के बारे में
- और उस बात के बारे में, जो वे वास्तव में चाहते हैं

गुरु इसलिए मौजूद हैं क्योंकि लोग जप करना, शुद्धि करना, कल्पना करना, या आकाश को दोष देना ज़्यादा आसान समझते हैं–उस वाक्य का सामना करने से जो उनकी ज़िंदगी वर्षों से फुसफुसा रही है:

"मुझे समस्या पता है।
मैं बस उसका सामना नहीं करना चाहता।"

काम की शुरुआत एक वाक्य से होती है

यह बिना प्रदर्शन के लिखो:

"अगर मैं पूरी ईमानदारी से कहूँ, तो मुझे मानना पड़ेगा कि..."

और उसे साधारण ढंग से पूरा करो:

- "मैं इसलिए थका हूँ क्योंकि हर बात पर हाँ कह देता हूँ।"
- "मैं उलझा नहीं हूँ–मैं टाल रहा हूँ।"
- "मुझे उपचार नहीं चाहिए–मुझे अनुशासन चाहिए।"
- "मैं अकेला हूँ क्योंकि मैं पहल नहीं करता।"
- "मेरी ज़िंदगी अव्यवस्थित नहीं–मेरा कैलेंडर है।"

तीन लिखो।

कोई सजावट नहीं।

हवा में जीने की आदत

सच को ब्रांडिंग की ज़रूरत नहीं होती।

फिर एक चुनो–और उसे साबित करो

तीनों नहीं।
एक।

कर्म के बिना सच पोशाक है।

अगर तुम्हारा सच यह है कि–

- तुम किसी से बच रहे हो → संदेश भेजो
- तुम्हारी वित्तीय स्थिति गड़बड़ है → अनुप्रयोग खोलो
- तुम हमेशा देर करते हो → पहले निकलो
- तुम्हारी ऊर्जा ख़त्म है → वयस्क की तरह सोओ
- तुम खुद से झूठ बोल रहे हो → झूठ का अभ्यास बंद करो

एक सच।
एक कर्म।

तुम्हारा तंत्रिका-तंत्र इसे नोटिस करेगा–भारी, क्योंकि ईमानदारी का वज़न होता है;
हल्का, क्योंकि धोखा भी बोझ होता है।

सच क्यों काम करता है

अधिकांश पीड़ा असंगति से आती है:

जो तुम जानते हो ≠ जो तुम कहते हो ≠ जो तुम करते हो

सच इन तीनों को एक ही रेखा में खड़ा कर देता है।

हवा में जीने की आदत

यह वैसा ही दुख देता है जैसे कोई जोड़ अपनी जगह पर लौटे–दर्द के बाद कार्यक्षमता।

टालना बीमारी है।
रस्म ध्यान-भटकाव है।
भ्रम बेहोशी है।
सच इलाज है।

सार

- सच के बिना आध्यात्मिकता–पोशाक
- ईमानदारी के बिना स्व-सहायता–रंगमंच
- वास्तविकता के बिना विकास–भ्रम

तुम्हें ब्रह्मांड से अनुमति-पत्र नहीं चाहिए।

तुम्हें साहस चाहिए यह कहने का:
"यही वास्तविक है।"

और एक ऐसा काम–जो साबित करे कि तुमने यह बात कही नहीं, मानी है।

यही बोध है।
न आनंद।
न तरंगें।
न चंद्रप्रकाश।

अंततः–नक़ाब उतारी हुई वास्तविकता।

हवा में जीने की आदत

सिद्धांत 7

उबाऊ पेशेवरों का उपयोग करो, विदेशी गुरुओं का नहीं

तुमने सच बोल लिया है (सिद्धांत 6)।
अब उस पर काम करो।

अगर तुम्हारा सच यह है–"मुझे मदद चाहिए," तो ब्रह्मांड से सलाह लेना बंद करो और समय तय करो।

वास्तविकता चमकती नहीं।
जो जादू बेचता है, वह अक्सर इस सच्चाई से ध्यान भटकाता है कि वह परिणाम नहीं दे सकता।

असली मदद का कोई संगीत नहीं होता।
दक्षता को मोमबत्ती की ज़रूरत नहीं होती।

तुम्हें यह नहीं चाहिए:

- कोई उपचारक
- कोई आवृत्ति-तकनीशियन
- कोई आघात-दाई
- कोई चक्र-मैकेनिक
- कोई "जीवन-रचना का क्वांटम वास्तुकार"

तुम्हें यह चाहिए:

- चिकित्सक

- मनोचिकित्सक
- लेखाकार
- विधिक सलाहकार
- पोषण-विशेषज्ञ
- शारीरिक प्रशिक्षक
- करियर सलाहकार

ऐसा व्यक्ति जिसने दीक्षा नहीं, परीक्षाएँ पास की हों।

असली मदद पहचानने का तरीक़ा

असली पेशेवर कभी–

- बुध ग्रह को दोष नहीं देते
- चिकित्सीय समस्याओं को आध्यात्मिक नहीं बनाते
- लाभ के लिए नए विकार नहीं गढ़ते
- सप्ताहांत में रूपांतरण का वादा नहीं करते

उन्हें नाटकीयता की ज़रूरत नहीं होती।
वास्तविकता ही उनका प्रचार है।

गुरु पहचान बेचते हैं।
पेशेवर समाधान देते हैं।

लोग पेशेवरों से क्यों बचते हैं

पेशेवर होते हैं:

- सीधे

हवा में जीने की आदत

- उबाऊ
- तथ्यपरक
- जवाबदेह

वे तुम्हारे ब्रेकअप को "ऊर्जात्मक ध्रुवता" नहीं कहेंगे।
वे क़र्ज़ को
"कंपनात्मक असंतुलन" नहीं नाम देंगे।

वे तुम्हें बताएँगे अगला क़दम क्या है–और यही वह बात है जिसे लोग सहन नहीं कर पाते।

गुरु डोपामिन देते हैं।
पेशेवर निर्देश देते हैं।

एक गहरा लगता है।
दूसरा चीज़ें ठीक करता है।

ठोस अभ्यास 1 – एक उबाऊ समय तय करो

वह समय
जिसे तुम महीनों से टालते रहे हो:

- चिकित्सक
- दंत-चिकित्सक
- मनोचिकित्सक
- वित्तीय योजनाकार
- शारीरिक चिकित्सक
- कर-विशेषज्ञ
- विधिक परामर्श

- पोषण-विशेषज्ञ

एक चुनो।
इसी सप्ताह तय करो।

एक पुष्ट समय तुम्हारे भविष्य के लिए चंद्रमा, श्वास, या "ऊर्जा" से जुड़ी हर रस्म से ज़्यादा काम करता है–सबको जोड़कर भी।

ठोस अभ्यास 2 – किसी सक्षम व्यक्ति से पूछो कि वह क्या करता

अपने परिचितों में सबसे साधारण रूप से स्थिर वयस्क को ढूँढो–जिसके पास हों:

- काम करते तंत्र
- अनुमानित जीवन
- कोई रहस्यमय शब्दावली नहीं
- अनुयायी बनने की इच्छा नहीं

पूछो:
"अगर तुम मेरी जगह होते, तो क्या करते?"

फिर चुप रहो और लिख लो।

तुम ज्ञानोदय नहीं ढूँढ रहे।
तुम ऐसी वास्तविकता ढूँढ रहे हो जो काम करती हो।

सार

तुम्हें यह नहीं चाहिए:

- आत्मा-क़बीला

हवा में जीने की आदत

- आवृत्ति-उन्नयन
- ब्रह्मांडीय समायोजन

तुम्हें यह चाहिए:

- एक समय तय करना
- एक वास्तविक बातचीत
- एक वयस्क

जो तथ्यों में सौदा करता हो आधुनिक दुनिया में सबसे उग्र काम यह है–कुछ वास्तविक करना बिना उसे रिकॉर्ड किए।

तुम्हें गुरु नहीं चाहिए।
तुम्हें एक समझदार वयस्क चाहिए।

अंक III

रखरखाव

तुमने ज़िम्मेदारी ली।
आदतें बनाईं।
इनपुट सुधारे।
इंसानों में निवेश किया।
सच बोला।
पेशेवर मदद ली।

अब वह हिस्सा आता है
जिसे लगभग हर कोई छोड़ देता है–
इस स्तनधारी की देखभाल।

तुम्हारा शरीर कोई रूपक नहीं है।
वह ढाँचा है।

उसका रखरखाव करो।

हवा में जीने की आदत

सिद्धांत 8

हर दिन किसी और के लिए एक छोटा काम करो

सिद्धांत 2 में तुमने अपने लिए छोटी दैनिक आदतें बनाना सीखा था।

अब वही ढाँचा बाहर की ओर लागू करो–क्योंकि अगर तुम्हारी ज़िंदगी एक मानसिक प्रतिध्वनि-कक्ष जैसी लगती है, तो उसका कारण यह है कि तुमने खुद को ही एकमात्र प्रसारण बना लिया है।

आधुनिक दुःख दर्द नहीं है।
वह आत्म-मग्नता है
जो उपचार का वेश पहन चुकी है:

“मेरी प्रगति,

मेरी सीमाएँ,

मेरी ऊर्जा,

मेरा आघात,

मेरी आवृत्ति...”

तुम बदल नहीं रहे।
तुम खुद में ही पक रहे हो।

अस्तित्वगत घुटन का

एक उबाऊ उपचार है:

हवा में जीने की आदत

किसी ऐसे व्यक्ति की मदद करो जो तुम नहीं हो।

न आध्यात्मिक रूप से।
न प्रतीकात्मक रूप से।
न पसंद के लिए।

व्यावहारिक रूप से।

यह क्यों काम करता है

तुम्हारा दिमाग़ एक साथ घबराकर और योगदान देकर काम नहीं कर सकता।

जब ध्यान बाहर की ओर जाता है:

- आत्म-केंद्रितता सिकुड़ती है
- चिंता ढीली पड़ती है
- असहायता ज़मीन खोती है

दूसरों की मदद बलिदान नहीं है।
वह पैमाने का सुधार है।

वह तुम्हारे तंत्रिका-तंत्र से कहती है:

“मैं महत्त्वपूर्ण हूँ, क्योंकि मैंने कुछ बेहतर किया।”

यह विश्वास सारी प्रकटिकरण-पुस्तिकाओं से तेज़ी से स्थिर करता है– चाहे उन्हें जोड़कर ढेर बना दो।

नियम

एक छोटा काम।

हर दिन।

चुपचाप।

हवा में जीने की आदत

बिना बाज़ार के।

यह नहीं:

- एक दिन सेवा करके ग़ायब हो जाना
- दया को रिकॉर्ड करना
- भलमनसाहत को रंगमंच बनाना

असल काम:

- दरवाज़ा थाम लेना
- किसी की ख़बर लेना
- कोई भारी चीज़ उठा देना
- वह साफ़ कर देना जो तुमने गंदा नहीं किया
- संदेश भेजना–बिना उसका चित्र लिए
- बदला लिए बिना किसी को आगे निकलने देना
- भुगतान करके चुपचाप चले जाना

छोटे काम।
कोई ब्रांडिंग नहीं।
कोई ताली नहीं।

मानवीय पैमाना।

ठोस अभ्यास – मानवीय पुनरावृत्ति

हर दिन:

1 काम → 0 दर्शक → 0 पुरस्कार।

इसे दाँत साफ़ करने की तरह करो–स्वतःस्फूर्त, ग़ैर-यकत्वपूर्ण, साधारण।

हवा में जीने की आदत

दयालुता नैतिकता नहीं है।
वह वेंटिलेशन है।

वह उस दिमाग़ में फिर से हवा आने देती है जो अपनी ही महत्ता के नीचे घुट रहा हो।

जैसे ही वास्तविकता दर्पण होना बंद करती है, तंत्रिका-तंत्र फिर से संतुलित होता है।

सार

तुम खुद की परिक्रमा करके पूर्ण नहीं बनते।

तुम पूर्ण तब बनते हो जब अहंकार के गुरुत्वाकर्षण से बाहर निकलते हो।

अगर तुम्हें चाहिए:

- कम चिंता
- कम खालीपन
- कम शोर

तो अपने आत्म-ख़ाके को खिलाना बंद करो और वास्तविकता को खिलाओ।

एक काम।

एक इंसान।

हर दिन।

पुण्यवान बनने के लिए नहीं–संतुलित रहने के लिए।

तुम दूसरों की सेवा ऊपर उठने के लिए नहीं करते।
तुम ऐसा इसलिए करते हो ताकि खुद में डूबना बंद कर सको।

हवा में जीने की आदत

सिद्धांत 9

ऐसे सोओ जैसे तुम कल ज़िंदा रहने की योजना बना रहे हो

तुमने अपने इनपुट सुधारे (सिद्धांत 3)।
अब अपने विश्राम को सुधारो।

आधुनिक लोग सोने के समय को छोड़कर हर चीज़ में विश्वास करते हैं।

वे चंद्र-द्वारों पर भरोसा करेंगे, रहस्यमय कैंचियों पर भी,
लेकिन "सो जाओ" को दार्शनिक बहस बना देंगे।

हमने थकान को व्यक्तित्व-गुण बना दिया है।

काले घेरे अब सम्मान-चिह्न हैं।
थकावट अब ब्रांडिंग है।

हम सफल लोगों की आदतों की नकल करते हैं, पर एक भी परिणाम नहीं अपनाते।

तुम ऊपर नहीं उठ रहे।
तुम उपयोगिता की सीमा के बाद जागे हुए हो।

तुम्हें ज्ञानोदय नहीं चाहिए।
तुम्हें बेहोशी चाहिए।

हवा में जीने की आदत

चेतना-पंथ

हर कोई "जागृत" होना चाहता है, पर सोना कोई नहीं चाहता।

लोग खरीदेंगे–

- नीली रोशनी रोकने वाले चश्मे
- मैग्नीशियम की गोलियाँ
- क्रिस्टल से भरे तकिए

...लेकिन उस चमकते आयत को नीचे नहीं रखेंगे जो उनकी मानसिक शांति चूस रहा है।

तुम इसलिए थके नहीं हो कि जीवन कठिन है।

तुम इसलिए थके हो क्योंकि तुम ऐसे स्क्रॉल करते हो जैसे इसके लिए छात्रवृत्ति मिलेगी।

तुम्हारा शरीर समझौते योग्य नहीं है

नींद वैकल्पिक नहीं है।

वह हर रात होने वाला तंत्रिका-तंत्र अद्यतन है, जिसका नाम है:

"मानसिक रूप से अस्थिर न बनना।"

जब तुम लार टपका रहे होते हो, तुम्हारा दिमाग़–

- तनाव को साफ़ करता है
- ऊतकों की मरम्मत करता है
- स्मृतियों को क्रम में रखता है

हवा में जीने की आदत

- बुरे विचारों को नियति लगने से रोकता है

नींद छोड़ो और तुम योद्धा नहीं बनते।

तुम भावनाओं वाला उलझा हुआ उपकरण बन जाते हो।

वे रात दो बजे की महान खोजें?

- "सब मुझसे नफ़रत करते हैं।"
- "मुझे कहीं और बस जाना चाहिए।"
- "क्या कोम्बुचा ही मेरा उद्देश्य है?"

यह अंतर्ज्ञान नहीं है।
यह तंत्रिका-शोर है।

अब तक का सबसे मूर्खतापूर्ण मंत्र

"मैं मरने के बाद सोऊँगा।"

बधाई–तुम अभ्यास कर रहे हो।

इस पीढ़ी का असली नारा है:
"मैं अपनी ज़िंदगी को वास्तविक समय में बिगाड़ूँगा और उसे अनुशासन कहूँगा।"

महान विडंबना

लोग उस चंद्रमा के नीचे जप करते हैं जो उन्हें जानता तक नहीं, पर आरईएम-नींद से इनकार करते हैं–वही जगह जहाँ दिमाग़ वास्तव में सपने बनाता है।

तुम्हें सपना-जीवन चाहिए?

हवा में जीने की आदत

आँखें बंद करो।

अपने टालने को जैव-हैक करना बंद करो

ठंडी डुबकियाँ।
लाल रोशनी।
क्लोरोफ़िल की शीशियाँ।
ऑक्सीजन-रस्में।

ऐसे पहनने योग्य छल्ले जो तुम्हारे कष्ट को चार-आयामी गुणवत्ता में मापते हैं।

ये सब उन लोगों के सहारे हैं जो सोने के समय से आध्यात्मिक भेष में बचना चाहते हैं।

तुम अनुकूलन नहीं कर रहे।
तुम गुरुत्वाकर्षण से बच रहे हो।

मानव जाति सोने के लिए विकसित हुई।

तुम रात एक बजकर सैंतालीस मिनट पर अजनबियों से ज्योतिष पर बहस करने के लिए।

उबाऊ क्रांति

तुम्हें यह नहीं चाहिए:

- सुबह की दिनचर्या
- ठंडी डुबकी
- पवित्र नोटबुक

तुम्हें यह चाहिए–रात की दिनचर्या:

हवा में जीने की आदत

- स्क्रीन बंद करो
- क्षैतिज हो जाओ
- संघर्ष को सामग्री समझकर पढ़ना बंद करो
- दिमाग़ को डिजिटल कचरा खिलाना बंद करो

जाओ।
सोओ।

न आध्यात्मिक रूप से।
जैविक रूप से।

7-दिवसीय नींद प्रोटोकॉल

जिस अव्यवस्था को आप रात की दिनचर्या कहते हैं, उसे धीरे-धीरे बंद करने की योजना।

कोई उपकरण नहीं। कोई चमत्कारी दवा नहीं।
बस सात दिन – नींद और आपके बीच खड़ी बेकार चीज़ों को हटाने के लिए।

दिन 1 – स्क्रीन बंद

सोने से एक घंटा पहले फोन पूरी तरह बंद।
"बस एक चीज़ देख लूँ" जैसी कोई छूट नहीं।

नींद सिर के तकिए पर टिकने से बहुत पहले शुरू होती है।
आज रात दिमाग को दिन के अंत में कचरा जानकारी खिलाना बंद करें।

हवा में जीने की आदत

दिन 2 – तय सोने का समय

कल वाला ही समय। वही बंदी।
अब रोशनी बुझाने का एक अटल समय तय करें।

न “लगभग तब।” न “देखेंगे।”
शरीर आदतें सीखता है – इरादे नहीं।

दिन 3 – शयनकक्ष को सरल बनाना

दिन 1 और 2 जारी रखें। अब कमरे को सादा करें।

कोई चमकती रोशनी नहीं। कोई पृष्ठभूमि शोर जो आराम का दिखावा करे।
अगर आपका शयनकक्ष प्रतीक्षा कक्ष या नियंत्रण कक्ष जैसा लगे – व्यवस्था गलत है।

नींद को ऐसा वातावरण चाहिए जो साफ संकेत दे: अब रुकें।

दिन 4 – सोने से पहले शांत होने की प्रक्रिया

अब तक के सभी नियम जारी रखें।
सोने से पहले 15 मिनट का शांत अंतराल जोड़ें।

कुछ साधारण पढ़ें। हल्का खिंचाव करें। चुपचाप बैठें।
आप अपने तंत्रिका तंत्र को गिरना नहीं – धीरे शांत होना सिखा रहे हैं।

दिन 5 – रसोई बंद

पहले के सभी नियम लागू रहें।

अब भोजन सोने से दो घंटे पहले समाप्त करें।

देर से खाया भोजन शरीर को काम में लगाए रखता है जब आप सोना चाहते हैं।
बंद होने के समय पाचन का काम तय न करें।

दिन 6 – मानसिक विराम

सब कुछ पहले जैसा जारी रखें।
अब मन को हल्का करने का कदम जोड़ें – कल की चिंताएँ, काम या घूमते विचार कागज़ पर लिखें।

दिमाग आपको जगाए रखता है क्योंकि उसे भरोसा नहीं कि आप याद रखेंगे।
उसे प्रमाण दें – फिर उसे विश्राम करने दें।

दिन 7 – व्यवस्था स्थिर करें

पूरा प्रोटोकॉल ठीक वैसे ही दोहराएँ जैसा लिखा है।

कोई बदलाव नहीं। कोई सुधार का चक्कर नहीं।
सिर्फ दोहराव।

नींद जादू नहीं है।
यह तब आती है जब आप उसे बीच में रोकना बंद करते हैं।

निष्कर्ष

तुम्हें नए विचार नहीं चाहिए।

हवा में जीने की आदत

तुम्हें कम जागने के घंटे चाहिए ताकि जो विचार हैं, उन्हें बर्बाद न कर सको।

नींद पलायन नहीं है।
वह एकमात्र समय है जब तुम्हारा दिमाग़ तुम्हारे व्यक्तित्व द्वारा पीछा नहीं किया जा रहा।

ऐसे सोओ जैसे तुम कल ज़िंदा रहने की योजना बना रहे हो।

हवा में जीने की आदत

सिद्धांत 10

अपने शरीर को हिलाओ (अपनी ऊर्जा को नहीं)

तुम असली भोजन खा रहे हो (सिद्धांत 3)।
तुम वयस्कों की तरह सो रहे हो (सिद्धांत 9)।
अब वयस्कों की तरह हिलो।

तुम्हारी मांसपेशियों को तुम्हारे भाव से कोई मतलब नहीं।

उन्हें फर्क पड़ता है कि तुम खड़े हुए या नहीं।

कभी योग की पैंट और चंद्र-अनुष्ठानों के बीच कहीं पर
गतिविधि, गतिविधि रहना बंद हो गई और प्रदर्शन बन गई।

चलना अब "दैहिक अवतरण" है।
खींचना अब "फैशिया को सक्रिय करना" है।
पसीना अब "जांघ की आंतरिक पीड़ा का विसर्जन" है।

तुमने व्यायाम को भेष-भूषा बना दिया।

फ़िटनेस का भ्रम

लोग असली गतिविधि से इसलिए बचते हैं क्योंकि वास्तविकता के परिणाम होते हैं।

गलत ढंग से पुश-अप करो →
गुरुत्वाकर्षण तुम्हें अपमानित करता है।

हवा में जीने की आदत

गलत ढंग से श्वास-क्रिया करो →
कोई तुम्हारे "शुद्धिकरण" की प्रशंसा करता है।

अब बताओ–किसमें शिविर बिकते हैं?

हमने तेज़ चाल से चलने से बचने के लिए पूरा उद्योग खड़ा कर दिया:

- रेइकी – महँगी झपकी
- श्वास-यात्राएँ – ध्वनि-सज्जा के साथ बेचैनी

इनमें से कोई भी नितंब नहीं बनाता।

तुम्हारी आभा में जांघें नहीं होतीं।

तुम मांस में लिपटी हड्डियाँ हो।

इस्तेमाल करो।

निश्चलता का धर्म

मनुष्य पहले चलते थे, फिर विश्राम करते थे।

अब लोग पेशेवर ढंग से विश्राम करते हैं।

लोग "तंत्रिका-तंत्र को संतुलित" कर सकते हैं, पर सूटकेस नहीं उठा सकते।

मांसपेशियाँ रूपक नहीं हैं।
वे ऊतक हैं।

उन्हें लंबे समय तक अनदेखा करो, तो वे निष्कासन-नोटिस भेज देती हैं।

हवा में जीने की आदत

उबाऊ चमत्कार

वह रहस्य जिसे कोई बेच नहीं सकता:

- चलना, पूरकों से बेहतर है
- उठक-बैठक, मंत्रों से आगे है
- खिंचाव, औषधियों से ज़्यादा बचाता है
- राशन उठाना, अनुष्ठानों से अधिक आत्मविश्वास देता है

गतिविधि तुम्हारे मस्तिष्क को क्रम में लाती है।

निश्चलता तुम्हारी कल्पनाओं को सजाती है।

तुम्हें अनुष्ठान नहीं चाहिए।
तुम्हें पैर और दिशा चाहिए।

अंतिम अपमान

लोग बदलाव की सजावट चाहते हैं:

- योग की तस्वीरें
- ऐसे पेय जो दंड जैसे लगें
- "अवतरण" और "सक्रियता" जैसे शब्द

लेकिन उनसे सीढ़ियाँ चढ़ने को कहो तो अचानक हर चीज़ के लिए किसी विशेषज्ञ की पर्ची निकल आती है।

अगर तुम्हारा परिवर्तन पसीने के बिना है, तो वह अभिनय है।

दस-मिनट गतिविधि नियम

अगर किसी काम में दस मिनट लगते हैं और उसमें शरीर

लगता है–तो वह गिना जाएगा।

न योजना।
न संगीत।
न पहचान।

एक चुनो:

- मोहल्ले का एक चक्कर
- किसी स्तनधारी की तरह खिंचाव
- कुछ भारी उठाना
- तब तक उठक-बैठक, जब तक अपने निर्णयों पर संदेह हो
- पैरों से कमरा साफ़ करना, अंगुलियों से नहीं

दस मिनट प्रतिरोध से नीचे होते हैं।

दस मिनट पहचान बनाते हैं।

दस मिनट, दोहराए जाने पर, ताक़त बन जाते हैं।

गतिविधि को तुम्हारे मूड की परवाह नहीं।

मांसपेशियाँ प्रकाशन से नहीं, दोहराव से चलती हैं।

निष्कर्ष

तुम्हारी आत्मा इंतज़ार कर सकती है।
तुम्हारे जोड़ नहीं।

आज अपने शरीर को हिलाओ–इससे पहले कि तुम सिर्फ़ अपने बहानों को उठाने लायक ही मज़बूत रह जाओ।

अंक IV

निपुणता

तुमने आधार तैयार किया।
तुमने मनुष्यों से जुड़ाव बनाया।
तुमने उस स्तनधारी की देखभाल की,
जिसमें तुम रहते हो।

अब आता है सबसे कठिन भाग:

ऐसे जीना मानो तुम आगे भी जीवित रहने
का इरादा रखते हो।

यहीं पर ज़्यादातर लोग रुक जाते हैं।

वे थोड़ी-सी समझदारी आज़माते हैं, फिर
उसे त्योहार की तरह छोड़ देते हैं।

ये अंतिम सिद्धांत उन लोगों के बीच फ़र्क़
पैदा करते हैं जो समझदारी को छूते हैं
और उन लोगों के बीच जो उसे स्थायी
रूप से स्थापित कर देते हैं।

यह कोई नया उत्साह नहीं है।
यह कोई नया संस्करण नहीं है।

यह वह बिंदु है जहाँ जीवन
प्रयोग नहीं रहता।

यहाँ से रख-रखाव शुरू होता है।

और रख-रखाव चमकता नहीं।

वह बस काम करता है।

हवा में जीने की आदत

सिद्धांत 11

पैसे को वयस्क की तरह संभालो

आर्थिक बोध कोई तरंग नहीं है।
वह गणित है।

किसी व्यक्ति को सबसे जल्दी उजागर करने वाली चीज़ यह है कि वह पैसों के साथ कैसा व्यवहार करता है।

लोग "समृद्धि सक्रियण" पर सैकड़ों खर्च कर देते हैं, लेकिन अपने खाते का विवरण खोलते ही सीने में दर्द महसूस करते हैं।

प्रकटिकरण संस्कृति ने बजट को धर्मद्रोह बना दिया है:

- "पैसा ऊर्जा है"
- "धन सामंजस्य है"

नहीं।
कर्ज़ आध्यात्मिक नहीं होता।
कर्ज़ गणित होता है।
और गणित भावनाओं से समझौता नहीं करता।

काल्पनिक वित्त

लोग पैसा नहीं चाहते।

वे पैसे का भ्रम चाहते हैं:

- बिना रसीदों के समृद्धि

हवा में जीने की आदत

- बिना योजना के सम्पन्नता
- बिना तालिकाओं के सफलता

वे ज़िम्मेदारी का रूप चाहते हैं, ज़िम्मेदारी नहीं।

संख्याओं को तुम्हारी आत्मकथा से कोई मतलब नहीं।
तालिकाएँ तुम्हारे आत्मसम्मान को सांत्वना नहीं देतीं।

वे बस कहती हैं:

"तुमने कमाए से ज़्यादा खर्च किया।"

भावनाओं पर आधारित अर्थव्यवस्था

पुराना संसार:

काम → बचत → रसीदें → नींद

नया संसार:

कार्यशाला → कथन → घबराहट → दोहराव

लोग वित्तीय समझ नहीं चाहते।
वे ऐसा ब्रह्मांड चाहते हैं जो सहायक की तरह उनके लिए सब संभाल ले।

लेकिन कोई देवदूत ब्याज दरों पर मोलभाव नहीं करता।

अस्वीकृत कार्ड दुनिया का सबसे तेज़ आध्यात्मिक जागरण है।

उबाऊ क्रांति

आर्थिक शांति रहस्यमय नहीं होती।
वह होती है:

- एक बजट

हवा में जीने की आदत

- एक बचत खाता
- ध्यान देना
- ऐसे निर्णय

जो रात दो बजे भाग्य की कल्पना करने वाले संस्करण द्वारा न लिए गए हों जब शेष राशि तुम्हें चौंकाना बंद कर देती है, तंत्रिका तंत्र घबराना बंद कर देता है।

यह सामंजस्य नहीं है।
यह वयस्कता है।

ठोस अभ्यास

- विवरण खोलो
- खर्च का हिसाब रखो
- भूली हुई सदस्यताएँ रद्द करो
- ऐसी योजना बनाओ

जिसे ब्रह्मांड की मदद न चाहिए

तुम्हारा बैंक खाता कोई अनुभूति नहीं है।
वह एक दर्पण है।

अंतिम पंक्ति

तुम्हें धन-कोड या द्वार नहीं चाहिए।

तुम्हें रसीदें चाहिए।

पैसे को ऐसे संभालो जैसे कोई आगे भी जीवित रहने का इरादा रखता हो।

यह दुनिया का सबसे शांत दिखावा है—और एकमात्र ऐसा बोध जो अपने बिल खुद चुका देता है।

हवा में जीने की आदत

सिद्धांत 12

खुले चक्र बंद करो

कल्याण-संस्कृति ऐसी यात्राओं में माहिर है जिनका कोई अंतिम पड़ाव नहीं।

अपने भीतर के बच्चे को ठीक करो।
अवरोध छोड़ो।
असली स्वयं को जगाओ।
किसी अस्पष्ट दिशा में आरोहण करो।

इनमें से कुछ भी कभी समाप्त नहीं होता।
यही व्यापार-मॉडल है।
यदि तुम्हारी पहचान को
लगातार मरम्मत की ज़रूरत है, तो तुम कभी पहुँच ही नहीं सकते।

उधर वास्तविक जीवन समापन पर चलता है।

अधूरे काम मानसिक क्षमता चूस लेते हैं।
खुले चक्र छोटे-छोटे अलार्म की तरह होते हैं–बिना आवाज़ के, लगातार, थकाने वाले।

हर अनुत्तरित संदेश, हर बकाया बिल, हर अधूरा काम
तुम्हारे ध्यान से चुपचाप ऊर्जा खींचता रहता है।

तुम्हें स्पष्टता की कमी नहीं है।

हवा में जीने की आदत

तुम्हें समापन की कमी है।

उबाऊ उदाहरण जो सब कुछ उजागर कर देते हैं

कुछ भी पूरा करो–कुछ भी:

• गाड़ी में महीनों से पड़ा पुस्तकालय का किताब लौटा दो

• उस दराज़ को ठीक करो जिससे रोज़ लड़ते हो

• इनबॉक्स में छिपे बिल का भुगतान कर दो

• उस बल्ब को बदल दो जिसकी शिकायत हर हफ्ते करते हो

• उस अपॉइंटमेंट को तय करो जिसके डर का वर्णन करते रहते हो

• उस संदेश का जवाब दे दो जो सूचनाओं में भटकता रहता है

इनमें से कुछ भी आध्यात्मिक नहीं है।
ये इस बात का प्रमाण हैं कि अब भी जीवन की बागडोर तुम्हारे हाथ में है।

समापन आकर्षक नहीं होता।
वह चलता-फिरता आत्मसम्मान है।

यह क्यों काम करता है

खुले चक्र चिंता पैदा करते हैं क्योंकि मस्तिष्क उन्हें सक्रिय ख़तरे मानता है।
जब तक कुछ अधूरा है, वह शांत नहीं हो सकता।

समापन स्वायत्तता लौटाता है।

हवा में जीने की आदत

हर पूरा किया गया काम एक सरल वाक्य की पुष्टि करता है:

"मैं वह व्यक्ति हूँ जो चीज़ें पूरी करता है।"

यह पहचान किसी भी मंत्र से ज़्यादा परिवर्तनकारी है।

ठोस अभ्यास – दैनिक चक्र-समापन

हर दिन एक चक्र बंद करो:

• ईमेल का उत्तर दो
• फ़ॉर्म भेज दो
• उस टूटी चीज़ को फेंक दो जिसे ठीक करने की क़सम खाते रहे
• औज़ार को उसकी जगह पर रख दो
• उस सदस्यता को रद्द करो जो चुपचाप पैसा खा रही है
• उस अनुप्रयोग को मिटा दो जिससे नफ़रत है फिर भी रखा है

एक काम।
एक अंत।
बिना तालियों के।

तुम्हारा जीवन नए अनुष्ठान जोड़ने से नहीं फैलता।
वह फैलता है अराजकता हटाने से।

अंतिम पंक्ति

तुम्हारा भाग्य चार्ट के पीछे नहीं छिपा है।

वह अधूरी ज़िम्मेदारियों के ढेर के नीचे दबा है।

हवा में जीने की आदत

तुम्हें किसी महान क्षण की ज़रूरत नहीं।
तुम्हें समापन चाहिए।

आज कुछ बंद करो।
समाप्ति वह जादू है जो सच में काम करता है—क्योंकि वह उस एक संसाधन को मुक्त करता है जिसे कोई गुरु बेच नहीं सकता:

तुम्हारा मन।

हवा में जीने की आदत

सिद्धांत 13

एक जीवन चुनो – और उसकी सेवा करो

सिद्धांत 4 में तुमने यह सीखा था कि रिश्तों में गहराई विस्तार से अधिक मूल्यवान है–कि दो-तीन वास्तविक मनुष्य हज़ार अनुयायियों से ज़्यादा मायने रखते हैं।

अब वही सत्य अपने पूरे जीवन पर लागू करो।

गहराई की कीमत होती है।
उस कीमत का नाम है:
विस्तार का त्याग।

आधुनिक कल्याण-संस्कृति तुम्हें अपनी पहचान से डेटिंग करने देती है–लेकिन कभी विवाह नहीं करने देती।

तुम प्रतिबद्ध नहीं होते–तुम "अन्वेषण" करते रहते हो।

तुम हमेशा:

- कोई नई विधि आज़माते रहते हो
- किसी उद्देश्य का स्वाद चखते रहते हो
- किसी व्यक्तित्व का ऑडिशन देते रहते हो
- किसी विश्वदृष्टि को किराए पर लेते रहते हो

हवा में जीने की आदत

तुम्हारे दिमाग़ में पचास खुले टैब हैं और तुम उसे आत्मिक यात्रा कहते हो।

तुम एक चलता-फिरता मसौदा हो–हमेशा संशोधन में, कभी अंतिम प्रति नहीं।

लोगों को प्रतिबद्धता से डर क्यों लगता है

प्रतिबद्धता संभावनाओं को ढहा देती है।

एक चीज़ चुनते ही बाक़ी सभी कल्पनाओं का अंत हो जाता है।

अधिकतर लोग असफलता से नहीं डरते–वे उन सभी स्वयं के अंतिम संस्कार से डरते हैं जो वे कभी नहीं बन पाएँगे।

कल्याण-संस्कृति इसी डर पर पलती है।

यदि तुम कभी चुनते ही नहीं, तो तुम कभी ज़िम्मेदार नहीं ठहराए जा सकते।

तुम अनंत संभावनाओं में मँडराते रह सकते हो–वयस्कता का अभिनय करते हुए, लेकिन उसमें कभी प्रवेश किए बिना।

प्रतिबद्धता एक सीधा सवाल खड़ा करती है:

क्या तुम वह व्यक्ति हो जिसे तुम दिखाते हो–या वह व्यक्ति जिसे तुम रोज़ दोहराते हो?

पहचान दोहराव से बनती है

पहचान किसी रहस्योद्घाटन से नहीं आती।

वह मांसपेशियों की तरह बनती है–अभ्यास से।

हवा में जीने की आदत

तुम यह नहीं खोजते कि तुम कौन हो।
तुम यह स्थापित करते हो कि तुम कौन हो।

स्वायत्तता के लिए सीमाएँ चुननी पड़ती हैं।

सीमाओं के बिना जीवन मुक्त नहीं होता– वह आकारहीन होता है।
और रिसता रहता है।

बुरी ख़बर:
एक रास्ता चुनने का मतलब है बाक़ी सभी रास्तों को छोड़ देना।

अच्छी ख़बर:
यही वह क्षण है जब तुम्हारा जीवन कल्पना रहना बंद करता है।

वास्तविक जीवन में इसका अर्थ

कोई एक चीज़ चुनो जिसकी सेवा करना सार्थक हो:

- ऐसा विवाह जिसे तुम्हारी उपस्थिति चाहिए
- ऐसा कौशल जिसे तुम सच में साधना चाहते हो
- ऐसा व्यवसाय जिसे रीढ़ चाहिए
- ऐसा बच्चा जिसे माता-पिता चाहिए
- ऐसा मोहल्ला जो तुम्हारी मौजूदगी से बेहतर हो
- ऐसा शरीर जो तुम्हें ढोता है
- ऐसा मानक जिसे तुम छोड़ने से इंकार करते हो

सब कुछ नहीं।

हवा में जीने की आदत

एक चीज़।

गहराई के लिए त्याग ज़रूरी है।
विस्तार वह तरीका है जिससे लोग गहराई से बचते हैं–
बिना यह माने।

स्वतंत्रता अनंत विकल्प नहीं है।
स्वतंत्रता यह जानना है कि कौन-से विकल्प अब मायने नहीं रखते।

यह मस्तिष्क के साथ क्या करता है

प्रतिबद्धता निर्णय-थकान को समाप्त करती है।

जब पहचान का ऑडिशन बंद होता है, मस्तिष्क को चैन मिलता है।

जब दिशा तय हो जाती है:

- पछतावा सिकुड़ता है
- तुलना मर जाती है
- ध्यान केंद्रित होता है
- आत्मविश्वास जमा होता है

तुम्हारा तंत्रिका-तंत्र काल्पनिक समयरेखाओं में जीना बंद कर देता है।

तुम संभावित भविष्य नहीं सँभालते– तुम एक जीवन में वास्तव में रहने लगते हो।

परीक्षण

अपने आप से पूछो:

हवा में जीने की आदत

"अगर मुझे अब और खोजने की अनुमति न हो, तो मैं कौन-सा जीवन चुनूँ?"

उत्तर कोई रहस्यमय संकेत नहीं है।
वह वही है जिसके बारे में तुम तब सोचते हो जब कोई देख नहीं रहा।

यदि तुम हिचकते हो, तो इसलिए नहीं कि तुम नहीं जानते– बल्कि इसलिए कि तुम उन काल्पनिक स्वयं को दफ़नाने का शोक नहीं झेलना चाहते।

वयस्कता यह चुनने का नाम है कि कौन-से सपने ज़मीन में जाने देंगे ताकि एक जीवित रह सके।

अंतिम वार

तुम्हें कोई उच्चतर स्वयं नहीं चाहिए।
तुम्हें दिशा चाहिए।

पहचान खोजी नहीं जाती।
पहचान निष्ठा से स्थापित की जाती है।

कुछ चुनो।
उसके प्रति प्रतिबद्ध हो।
दोहराओ।

ब्रह्मांड संतुलन में आने का इंतज़ार नहीं कर रहा।
वह इंतज़ार कर रहा है कि तुम ख़रीदारी बंद करो।

यहीं तुम्हारा जीवन मूड-बोर्ड होना बंद करता है और नक्शा बन जाता है।

समापन

अप्रभावी क्रांति

जादू कभी रहस्यमय नहीं था।
वह हमेशा साधारण था।

हमने उस सर्कस को ढहा दिया–गुरुओं को, अनुष्ठानों को, आकाशीय शब्दावली को, और उस सजावटी पीड़ा को जो गहराई का भेष धरती थी।
विध्वंस उनका हक़ था।

लेकिन यहाँ वह मोड़ है जिसे पूरा उद्योग चाहता है कि तुम कभी न देखो:

परिवर्तन उन कामों में छिपा होता है जो इतने उबाऊ होते हैं कि तुम्हारा अहंकार उन्हें छूने से इनकार कर देता है।

न चंद्र-चक्र।

न श्वास-पैटर्न।

न ऊर्जा-उन्नयन।

बस यह:

- जिस समय कहा था, उसी समय पहुँचना
- सच को सड़ने से पहले कहना
- उस काम को करना जिसे तुमने व्यक्तित्व बना लिया है

हवा में जीने की आदत

• वह भोजन खाना जो विज्ञापन से पहले भी मौजूद था

• लोगों के साथ मनुष्यों की तरह पेश आना, सहायक कलाकारों की तरह नहीं

• बिना माफ़ी माँगे "न" कहना

• बिना बिखरे "हाँ" कहना

• स्वयं को नए सिरे से गढ़ने के बजाय एक कोना साफ़ करना

• डूबने से पहले मदद माँगना

• किसी और की मदद करना–बिना उसका वृत्तांत सुनाए

इनमें से कुछ भी चलन में नहीं आता।
इनमें से कुछ भी चमकता नहीं।
इनमें से कुछ भी बेचा नहीं जा सकता।

इसीलिए यह काम करता है।

नकली दुनिया तमाशे पर पलती है।
वास्तविक दुनिया दोहराव पर चलती है।

परिवर्तन नाटकीय नहीं होता।
वह सूक्ष्म होता है।
उबाऊ होता है।
कभी-कभी अपमानजनक लगता है।
और–वह वास्तविक होता है।

• प्रतीकवाद पर निरंतरता

• वाइब्स पर दक्षता

• पुष्टि पर प्रमाण

हवा में जीने की आदत

• भ्रांतियों पर आदतें

इसे आधा भी अगर खराब ढंग से कर लो, तो तुम्हारा जीवन किसी भी रिट्रीट, समारोह, मास्टरमाइंड, या चाँद के नीचे लिए गए स्नान से ज़्यादा सुधर जाएगा।
इसलिए नहीं कि ये कदम गूढ़ हैं–बल्कि इसलिए कि ये मौजूद हैं।

स्व-सहायता की अर्थव्यवस्था तुम्हें यह यक़ीन दिलाकर जीवित रहती है कि तुम किसी रहस्यमय चीज़ से वंचित हो।
तुम नहीं हो।
तुम अभ्यास से वंचित हो।

अप्रभावी क्रांति के पास न कोई गान है, न कोई वेशभूषा, न कोई छूट-कोड।

यह बस एक मनुष्य है जो प्रदर्शन के बजाय वास्तविकता चुनता है।

तुम्हें ज्ञानोदय नहीं चाहिए।
तुम्हें सक्रियण नहीं चाहिए।
तुम्हें संरेखण नहीं चाहिए।

तुम्हें एक जीवन चाहिए।

और जीवन उसी तरह बनता है जैसे शक्ति, भरोसा, कौशल और विवेक बनते हैं–एक उबाऊ कर्म, एक-एक करके।

यह वह क्रांति है जिसे कोई तुम्हें बेच नहीं सकता–क्योंकि इसे न सौंपा जा सकता है, न सजाया जा सकता है, न ब्रांड किया

जा सकता है, न प्रसारित किया जा सकता है।

इसमें न तालियाँ हैं।
न दर्शक।

इसमें तुम हो।

"डोंट टच ग्रास" नहीं।
अपने आप से पलायन नहीं।

वास्तविकता को छूना—और अंततः
वहीं टिक जाना।

इस लेखक की अन्य पुस्तकें

पागलपन का युग

आधुनिक भावनात्मक पतन की एक तीखी, व्यंग्यात्मक पड़ताल – जहाँ भावनाओं ने तथ्यों की जगह ले ली, आराम ने दृढ़ता को, और अर्थ शोर में घुल गया।

इसके साथ: *पुनर्निर्माण प्रक्रिया* – एक सुव्यवस्थित मार्ग, जो आक्रोश की लत में डूबी संस्कृति के बीच स्पष्टता, ज़िम्मेदारी और मानसिक स्वायत्तता को फिर से स्थापित करता है।

1825 डिनर पर आया

एक दार्शनिक उपन्यास – जिसमें 19वीं सदी का एक किसान आज की दुनिया में आ गिरता है।

उसकी नज़र से आधुनिक दुनिया अजीब, तेज़ और चौंकाने वाली लगती है।

पाठक को समझ आता है कि प्रगति ने हमें क्या दिया है – और चुपचाप क्या छीन लिया है।

बीते समय की समझदारी

एक शांत मार्गदर्शिका – जो बिना दबाव के खुद को फिर से सँवारने में मदद करती है।

पुरानी, कालातीत बुद्धि से प्रेरित, जो सिखाती थी कि “जीना” सिर्फ “बचना” नहीं होता।

छोटे कदम, ईमानदार पल, और आगे बढ़ने का एक नरम रास्ता।

देखभाल से लिखा गया – क्योंकि इसकी अहमियत है।

वास्तविकता का युग

एक सुकून भरी, आत्ममंथन से भरी कहानी – एक ऐसे युवा की, जो गहरे नुकसान के बाद अपनी ज़िंदगी को फिर से संवारने निकल पड़ता है। दर्द का सामना करना, अपनी सीमाएँ तय करना, और शांत धैर्य के साथ आगे बढ़ना – यही उसकी नई राह बनती है।

वन के सिद्धांत के माध्यम से यह पुस्तक उन सभी के लिए एक कोमल और सहारा देने वाला मार्गदर्शन प्रस्तुत करती है, जो खुद को जीवन में अटका हुआ महसूस करते हैं। यह दिखाती है कि छोटे-छोटे कदम, बिना दोषारोपण के उपचार, और सोच-समझकर लिए गए निर्णय कैसे केवल जीवित रहने से आगे बढ़कर जीवन को सचमुच जीने योग्य बना सकते हैं।

अप्रकाशित कार्य

The Sledgehammer – एक पूर्ण पांडुलिपि, जिसे लेखक ने प्रकाशित न करने का निर्णय लिया।

आप जिस व्यक्ति होने का दिखावा करते हैं, उसकी दो-दिवसीय आंतरिक जाँच:

भ्रम-भरे रविवार, और टूट-फूट वाले सोमवार।

कुछ विचार असर करते हैं; कुछ केवल निंदक दृष्टिकोण बढ़ा देते।

यह पुस्तक लिखी गई थी, पर गहरी सोच-विचार के बाद जानबूझकर रोक ली गई।

सभी शीर्षकों को देखने के लिए: www.theageofinsanity.com

पागलपन का युग

सम्पूर्ण संकलन

पाँचों पुस्तकें। एक ही खंड।

इस संस्करण में *उन्माद का युग* शृंखला की पूरी रचनाएँ सम्मिलित हैं–एक ही प्रवाह में, एक ही यात्रा के रूप में। हर पुस्तक अपने मूल स्वरूप में पूर्ण रूप से प्रस्तुत है, अब एक साथ जुड़कर एक सम्पूर्ण मार्ग बनाती हुई।

- पागलपन का युग → पागलपन को नाम देता है
- हवा में जीने की आदत → झूठे पलायन का उपहास करता है
- 1825 डिनर पर आया → विरोधाभास को उजागर करता है
- बीते समय की समझदारी → भूले हुए संतुलन को वापस लाता है
- वास्तविकता का युग → सिद्धांतों को जीता है

अलग-अलग पढ़ने पर, हर पुस्तक अपने आप में पूर्ण है। एक साथ पढ़ने पर, ये एक ही चाप बनाती हैं–पहचान से उपचार तक, शोर से उपस्थिति तक।

यह संकलन कोई सार नहीं है।
न अंश।
न टीका-टिप्पणी।

यह पूरी शृंखला है–एक ही जिल्द में।

यदि एक पुस्तक ने आपको छुआ, तो यह पूरा रास्ता है।

www.ingramcontent.com/pod-product-compliance
Lightning Source LLC
LaVergne TN
LVHW090357210926
848480LV00002B/369